누구를 위한 역사인가

● 지은이

이도학 _ 李道學

1957년 10월 경북 문경시 가은읍 출생.
한양대학교 대학원 사학과에서 '백제집권국가형성과정연구'로 박사학위 취득.
현재 한국전통문화학교 조교수와 부교수를 거쳐 문화유적학과 교수로 재직.
저서로는 '백제고대국가연구' '한국 고대사 그 의문과 진실' '살아 있는 백제사' '고구려 광개토왕릉비문연구' '역사가 기억해 주는 이름' 등 15권과 '백제 칠지도 명문의 재해석' 등 논문 140여 편이 있다.
'2010 세계대백제전조직위원회 조직위원' 등을 맡아 사회활동도 왕성하게 하고 있다.

누구를 위한 역사인가

초판인쇄일	2010년 7월 15일
초판발행일	2010년 7월 19일
지 은 이	이도학
발 행 인	김선경
책임편집	김윤희, 김소라
발 행 처	도서출판 서경문화사
	주소 : 서울 종로구 동숭동 199 - 15(105호)
	전화 : 743 - 8203, 8205 / 팩스 : 743 - 8210
	메일 : sk8203@chollian.net
인 쇄	바른글인쇄
제 책	반도제책사
등록번호	제1 - 1664호

ISBN 978-89-6062-054-4   02900

ⓒ이도학, 2010

* 파본은 본사나 구입처에서 교환하여 드립니다.

정가 6,000원

누구를 위한 역사인가

이도학 지음

서경문화사

머리말

저자는 잡지나 신문 등에 기고했던 글을 모아 『역사가 기억해 주는 이름』이라는 이름의 저서를 3년 전에 출간한 바 있다. 그 이후 저자는 학교 신문사 주간을 역임하게 되었다. 학보는 여느 대학과는 달리 1년에 6회 발행하는 사실상의 월간지였다. 학보의 지면을 조금 중량감 있게 메워야겠다는 생각으로 저자는 기고를 시작했다. 2년간 글을 실었으니 12편이 모인 것이다. 저자는 이때 넓은 지면을 할애받았지만, 다행히 원고료가 없는 글인 관계로 눈총을 받지 않게 되었다. 그 외에 '교수신문'이나 '시사저널'과 '서울신문' 등에서 기고 요청을 받아 게재한 글을 본서에 수록하였다.

학보에 게재한 글들은 저자 주변의 신변잡기에서 얻은 소재들이었다. 그러다 보니 자연 저자의 전공이나 직업과 관련해 파생한 역사 의식과 학문하는 태도에 대한 이야기가 기조를 이루었다. 본 저서에서는 슬쩍 비치기만 했지만 사실 대학인으로서의 에피소드를 수록한다면 폭포수처럼 굉음을 지르며 끝이 없을 것 같다. 그런데 저자의 뇌리에 고여 있는 이러한 소재들은 미담 보다는 불유쾌한 내용들이 너무도 많다. 그러니 훗날 저자의 회상기에서나 언급할 것 같다.

본서의 내용과 관련해 가장 오래된 소재는 「봄밤의 단상과 '부여' 노래」였다. 국민학교 때부터 알았던 '부여' 노래의 연원을 추적하는 과정은 재미도 있었지만 상당한 시간을 투자하게 했다. 조선총독부에서 간행한 보통학교 4학년용 『조선어독본』뿐 아니라 해방 직후 간행한 국민학교 5학년 국어 교과서의 관련 페이지를 여는 순간은 조용한 흥분이었다. 그러나 '부여' 시의 저자를 찾기 위해 국립중앙도서관 등을 뒤지고 했지만 끝내 확증을 얻을 수 없었다. 그러는 과정에서 고서점에 완질이 나오지 않은 1963년 삼중당판(板) 『이광수 전집』을 2차례에 걸쳐 구입하여 전질을 구비할 수 있었다. '부여' 시의 필자를 춘원(春園)으로 알고 있는 이들이 있었기에 확인 차 구득을 한 데서 연유했다. 이때 저자는 교과서에 대한 수집이 미비하다는 것을 절감했다. '부여' 시는 곡(曲)이 붙어 있으므로 음악책에도 수록된 것 같았다. 그러나 음악책 자체가 잘 보전되지 못했다. 이 작업을 하면서 부여나 백제 관련 유행가가 적지 않다는 사실을 확인하였다. 국민가수 이미자가 부른 '삼천궁녀'를 비롯해서 명곡환이 부른 '백제왕의 탄식' 등 꽤 발견했다. 백제나 부여 관련 한시(漢詩)나 현대시를 비롯해서 유행가까지 집대성한 작업이 이루어졌으면 싶었다. 또 부여 노래 콘서트도 마련해 보았으면 좋을 것만 같았다.

3일 전 한창 나이에 비극적으로 생을 마감한 동학의 부음을 접하면서 무엇을 위한 학문인가 싶었다. 살아 있는 자의 몫이 실로 크다는 것을 절감하면서 우울하게 며칠을 보냈다. 그러면서 이제는 나이 지긋한 교수가 몇 달 전에 우연히 맞닥뜨린 어떤 전임강사에게 봉변당한 일화가 상기되었다. "아무개 교수님은 작년에 논문 몇 편 쓰셨습니까?"라고 묻는 순간 다시 생각하기도 싫은 모욕을 당했다고 한다. 이러한 어이 없는 소묘(素描)는 삭막한 심성에 자기 콤플렉스와 피해 의식이 얹힌 데다가 방어 기제까지 복합되서 나온 것이었다. 그러다 보니 위아래와 선후배도 없는, 아니 눈에 보이는 게 없는 것이다. 누구를 위한 학문인가 싶었다.

본서는 저자의 공부 언저리에서 파생한 신변잡기와 평소 지녔던 역사에 대한 단상을 모아 본 소품집이다. 본서의 글 가운데 '외래왕'과 계백 및 의자왕에 관한 글은 꼭 읽어 보았으면 싶다. 저자가 가장 힘주어 알리고자 한 내용이었기 때문이다.

끝으로 본 저서에서 비록 실명을 밝히지는 않았다. 그렇지만 불유쾌한 이야기 속에 등장하는 분들에게도 오해 없기를 바란다. 실화라기 보다는 그러한 일들이 일어나지 않기를 바라는 노파심쯤으로 간주하면 될 것 같다. 저자 역시 미래에 그러한 범주에 속하지 말라는 법도 없다. 미래는커녕 어쩌면 저자의 현재 모습을 보여주고 있는 지도 모른다. 그런 관계로 저자 자신이 경계(警戒)로 삼고자 하는 일종의 타산지석이기 때문이다.

2010년 찌푸린 봄날 오전
曦陽山房에서
著者

차 례

역사 속의 단상 _ 8

외래왕(外來王) ·· 9
허구와 사실의 사이에서, 조조(曹操)와 의자왕 ······················ 15
계백은 '패장(敗將)'인가? ·· 24
백제금동대향로는 중국제인가? ··· 36
가식 없는 삶 ··· 46
대한제국은 왜 멸망했는가? ··· 52
한·일관계 새로운 100년과 역사 매듭 풀기 ·························· 58
백제 무녕왕과의 인연 ·· 62
부여군의 정체성 확립에 관한 제언 ·· 69

무엇을 위해 사는가? _ 78

봄밤의 단상과 '부여' 노래 ··· 79
책 사태에 관한 단상 ·· 88
학문적 긴장에 관한 잡상 ··· 96
좋아하는 일을 하며 산다는 것! ·· 105
대학, 그 불유쾌한 상상(?) ··· 113
토론 문화 유감 ··· 123
목포의 추억 ·· 128

백제 유적 산보 _ 136

한성백제 유적 답사에 대한 회상 ·· 137
백제 왕흥사(王興寺)와 왜(倭)의 아스카사[飛鳥寺] ················ 151

01 역사 속의 단상

이도학 에세이 | 누구를 위한 역사인가

외래 왕(外來王)

1

얼마 전까지만해도 한국 사회에서 자랑스럽게 운위되었던 게 '단일민족'이었다. 단일민족은 남다른 긍지의 원천처럼 간주되기도 했다. 그랬기에 옛 유행가 노랫말에 "달도 하나, 해도 하나, 사랑도 하나, … 모두야 우리들은 단군의 자손"이라고 했을까. 적어도 한국인이라면 '단일민족' 인식에 대해서는 묵시적인 공감대가 형성되었다. 그러나 '민족'은 기실 '상상의 공동체'에 불과하다는 주장이 힘 있게 제기되는 현실이다. 게다가 외국인 며느리 집합체가 되어버린 농촌의 현실은 더 이상 '단일민족'을 말하기 어렵게 만들었다. 사실 2005년도 통계에 따르면 한국은 8명 중에 한 명이 국제결혼하는 시대에 살고 있다. 2007년도에는 이 보다는 줄었지만 9명 중 한 명이 국제결혼했다. 이제 한국은 다인종 사회로

급변하는 것처럼 보인다. 그러나 그 이전에 이미 화산 이씨·덕수 장씨를 위시해서 귀화한 성씨들이 너무도 많다. 베트남이나 위구르를 비롯하여 깜짝 놀랄 정도로 우리 주변에는 귀화인의 후손들이 많은 것이다. 그런 줄을 아는지 모르는지 서로를 '단일민족'으로 여기며 너무나도 잘 어울려 살아 왔다. 그런데 곰곰이 생각해 보면 누가 토종이고, 누가 흘러 들어 왔는지의 구분 자체가 무의미해진다.

2

이와 관련해 우리 역사를 한번 살펴 보자. 국가를 세운 시조들에서 찾아지는 공통점은 한결같이 외부 세계에서 왔다는 것이다. 자신들의 지역 공동체 속에서 건국자가 나온 게 아니었다. 단군신화를 보면 고조선의 시조인 단군은 천신인 환인의 아들인 환웅이 강림하여 곰에서 여자로 전화(轉化)된 웅녀와의 혼인을 통해 태어났다. 물론 이것은 사실일 리 없다. 그러나 그 요체는 고조선 건국 세력의 계통이 외래였음을 암시해 준다. 웅녀를 토착 세력의 상징으로 간주한다치자. 그렇더라도 고조선의 건국은 환웅으로 상징되는 외부 세력의 유입으로 인해 발생한 사건임은 부인할 수 없다. 기자조선은 그야 말로 "기자가 동쪽으로 왔다"는 기자동래설을 깔고서 태동하였다. 여기서 실존성에 문제가 제기된다는 기자조선은 차치하자. 그렇더라도 위만조선의 건국자 역시 외래인임은 부인할 수 없다.

송화강유역에서 국가를 형성한 부여의 시조인 동명은 북방의 탁리국에서 나왔다고 한다. 3세기 후반에 편찬된『삼국지』에 따르면 부여의 기로(耆老)들이 "스스로 옛적의 유망민이다"고 하였다. 너무나 잘 알려져 있듯이 고구려 시조인 주몽은 부여에서 내려 왔다. 부여씨를 칭한 백제 건국 세력 역시 외부에서 유입되었다. 백제 개로왕이 북위에 보낸 국서에서 "저희는 근원이 고구려와 함께 부여에서 나왔습니다"고 하였다. 신라의 시조인 혁거세나 석씨 왕조의 개창자인 석탈해, 김씨 왕가의 시조인 알지 모두 유입된 이들이다. 금관가야 시조인 수

● 김수로왕릉과 납릉 정문의 쌍어문

로나 아유타국 공주 출신이라는 허황옥은 더 말할 것도 없다.

고려의 창건자인 왕건의 경우도 그 선대(先代) 모계(母系)를 백두산에서 내려 온 성골장군 호경에서 찾았다. 반면 그 선대 부계는 당나라 숙종과 결부 짓고 있다. 물론 후자는 특히 믿기 어려운 이야기에 속한다. 그러나 왕건의 선대 세계(世系) 설화에서 전하고자 하는 메시지는 가계의 기원을 외부 세계에서 찾는 데 있다. 게다가 왕건의 출신지인 개성 지역은 통일신라 영역에서는 서북 변경에 속한다. 조선왕조를 개창한 이성계의 출신지인 함경도 영흥 역시 고려의 변경이었다. 더욱이 이성계가 출생했을 때 이곳은 쌍성총관부가 설치된 원의 영역에 속했다. 이성계의 아버지인 이자춘이 이곳을 고려에 귀속시킴에 따라 고려 영토로 환원되었던 곳이다. 원의 영역에서 일어났고, 퉁두란 같은 여진족을 기반으로 한 이성계가 고려를 전복하고 새 왕조를 열었다. 이 같은 왕건과 이성계의 건국 기반은 변경 변혁설을 연상시킨다. 그리고 지금부터 꼭 60년 전 대한민국이나 조선민주주의인민공화국을 건국한 이들 모두 해외에서 왔다.

3

한국의 역사를 조감해 볼 때 단군조선 이래 대한민국 건국에 이르기까지 숱한 역대 건국자들은 예외 없이 모두 외부 세계에서 왔다. 이는 실로 특이한 현상이 아닐 수 없다. 자기 영역을 기반으로 하여 등장하는 건국주들의 보편성과는 커다란 차이가 나기 때문이다. 중국사의 경우는 건국주가 외래인이라는 속성 보다는 이민족에게 삽시간에 점령당하는 일이 많았다. 또 섬나라인 관계로 외래인 수혈이 상대적으로 부진했던 일본에서 왕조 교체가 없었던 경우와도 비교된다. 물론 외부에서 유입한 이들은 아무래도 세력 기반이 취약할 수밖에 없다. 그럼에도 불구하고 우리 역사의 건국자들은 무력 일변도만 아니라 물이 스며들듯이 침투해서 토착 세력의 협조를 얻어 급기야 개국에 성공했다. 또 외래인들이 이처럼 권력을 영속화시키는 왕조 건설에 성공했다는 것은 경이적인 일이 아닐 수 없다.

그러면 이러한 현상이 생겨 났고 또 가능한 배경은 무엇일까? 이와 관련해 후백제를 세운 진훤이 원(原) 신라 지역인 상주 가은현 출신이라는 점을 환기시키고 싶다. 고구려를 부활시킨 궁예는 더구나 고구려를 멸망시킨 신라의 왕자 출신이었다. 이는 모두 아이러니컬한 현상인 것이다. 백제나 고구려를 부활시킨 건국주들 역시 그들 국민의 입장에서 볼 때는 외부에서 온 이들에 불과하다. 한 나라의 건국자가 자기 영역 안의, 토착 세력에서 유래한 게 아니었다. 외부에서 갑자기 유입해 온 자들이거나 '변경'에서 합류한 이들이었다. 대한민국을 건국한 이승만의 경우도 마찬 가지였다. 그는 오랜 망명 생활로 인해 국내에서의 기반이 취약하다는 핸디캡을 지녔다. 그럼에도 그는 장기간에 걸쳐 기반을 굳혀 왔던 국내 여러 정파(政派)의 우두머리들을 삽시간에 제압하고 정국의 주도권을 쥐었다. 물론 여기에는 단선적으로 평가할 수 없는 복합적인 요인이 도사리고 있다. 그러나 어쨌든 '외래 왕'의 등장은 한국에서 외래 종교가 성행한 현상과 본질상 상관성이 있는 것일까? 이 문제와 관련해 차후 심도 있는 원인 분석과 성격 진단이 필요할 것 같다.

4

바깥 세계에서 왔다는 자체가 토착인들에게 '외래 왕'에 대한 경외감과 신비감을 조성했을까? 토착인들은 묘한 기대감과 설렘으로써 그들을 수용했다는 말인가. 결과적으로 한국사는 '외래 왕'을 통한 외부 세계와의 간단없는 접촉과 인적 수혈로써 새로워질 수 있었다. 어쩌면 이 점이 중국과는 달리 1천년이나 5백년을 웃도는 장수(長壽) 왕조의 존속 배경일 수도 있다. 비록 제한된 기간에 불과하겠지만 이것이 중국 문화 일변도로의 편중과 쏠림 현상을 막는 최소한의 사회적 균형추 역할을 하지 않았을까? '외래 왕'의 등장이 유발하는 사회적 역동성은 한국사만의 독특한 특징이라고 감연히 말하고 싶다.

「한국전통문화학보」 51, 2008. 6. 25.

허구와 사실의 사이에서, 조조(曹操)와 의자왕

1

공중파 TV의 역사 드라마가 선풍적인 인기를 끌었다. '주몽'을 비롯해서 '대조영'이나 '태왕사신기' 등등에 이르기까지 숱한 역사 드라마가 세상에 선을 보였다. 음모와 모략이 판치는 궁중 사극의 경우는 부녀자들이 채널을 독점하는 경우가 많다고 한다. 그러한 드라마를 흥미진진하게 시청한 사람들을 만나게 되면 내게 묻는 일들이 더러 생긴다. 역사를 전공하는 내게 좀 더 심도(?) 있는 지식을 얻고자 작심한 경우이다. 그럴 때마다 나는 손사래를 치며 "그냥 편하게 보십시요! 재미 있으면 됐습니다. 그 드라마는 '역사 스페셜'이 아닙니다"라고 답하며 선을 긋는다. 아무리 역사적 배경을 깔고 있고, 등장 인물이 실존했다더라도 드라마는 드라마일 뿐이다. 다큐물이 아닌 것이다. 그럼에도 일반인들은 TV 드라마의 내용을 액면 그대로 받아 들이는 경우가 태반이다. 더러 나는 드라마에 등장하는 인물들의 허구성이나 내용의 창작 여부를 말해줄 때가 있다. 그러면 적잖이 충격을 받거나 실망한 표정이 역력한 경우를 접하고는 한다.

2

허구와 사실 사이에서 전혀 딴판으로 그려진 경우가 왕왕 발견된다. 대표적인 사례가 조조와 유비에 대한 서술이 아닐까 싶다. 나는 국민학교 4학년 여름 방학 때 선친이 재직하던 고등학교 도서관에서 『삼국지』 10권을 빌려와 읽었다. 당초 나는 『홍길동전』을 제대로 읽겠다고 했었다. 그런데 선친이 더럭 『삼국지』를 빌려 온 것이었다. 『삼국지』 각 책의 앞 부분에는 무수한 등장 인물들의 전신상 곁에 이름들이 한자로 적혀 있었다. 나는 어머니에게 이 사람이 누구냐고 물어 보는 경우가 많았다. 나와 『삼국지』와의 인연은 이렇게 맺어졌다. 그 때 나는 빠르게 『삼국지』 10권을 독파했다. 이후부터 지금까지 나는 조조의 팬이었다. 반면 유비에 대해서는 조금 이상한 사람이라고 생각했다. 소년의 눈으로 보더라도 어딘지 위선자 같은 느낌을 받았다. 그러나 다수의 사람들은 인자하고 정의로운 사람으로 유비를 떠 올리는 경우가 많았다. 반면 조조는 잔인한 모략가라는 인상이 지배하였다. 『삼국지』

가 주는 선입견의 힘이 실로 무섭다는 느낌이 들 정도였다. 중국 고대사 전공인 모 교수의 대중적인 글에도 부지불식간 조조에 대한 편견이 도사리고 있었기 때문이다.

3

일반인들의 조조에 대한 인상은 『삼국지』에 기인한 바가 가히 절대적이었다. 그런데 이 『삼국지』는 3세기 후반에 진수가 지은 정사(正史)가 아니다. 14세기 후반의 나관중이 지은 『삼국지 연의』라는 역사소설에 불과하다. 그렇지만 소설이 지닌 파급력은 실로 대단하였다. 그런 관계로 정사 『삼국지』는 모르지만 소설 『삼국지』를 읽은 이들을 양산해 냈다. 문제는 그로 인해 역사적 사실과 거리가 있는 소설 속 인물들의 행적이나 성품을 믿는 경우가 많았다. 이로 인해 가장 득을 본 사람은 유비였다. 반면 픽션으로 인해 가장 피해를 입은 이는 두 말할 나위 없이 조조였다. 그러나 정사 『삼국지』에서 만나는 조조는 위대한 정치가요 빼어난 시인이었다. 그는 백성의 고통에 번민하는 뜨거운 감성에다가 많은 장점을 지닌 위인(偉人)이었다. 수하에 들어 온 부하들에 대해서는 "과거를 묻지 않았다"는 실용주의자였다. 부하들이 자신의 능력을 미래에 바칠 수 있도록 적극 배려했던 것이다.

두어 달 전에 나는 사마광이 지은 『자치통감』을 넘기다가 조조의 사망 기사에 이은 인물평을 읽어 보았다. 기본 취지를 풀어서 순서대로 옮겨 보면 다음과 같다.

1. 사람을 꿰뚫어 보는 재주가 있어서, 그 앞에서는 속일 수가 없었다.
2. 신분에 상관없이 능력에 따라 일을 맡겼고, 그랬기에 모든 사람들이 그에게 기용되었다.
3. 적과 대진(對陣)할 때도 마치 싸울 의욕이 없는 것처럼 보였지만, 기회를 잘 결정하고 막상 전투할 때는 기세가 차고 넘쳤다.
4. 공훈을 세운 자에게는 반드시 상을 주었지만, 공훈이 없는 자에게는 터럭만큼도 나누어 주지 않았다.
5. 법률은 준엄하고 신속하게 집행 처리해서 법을 어기면 반드시 주륙(誅戮)하였다. 그런 자를 마주하고 눈물을 흘릴 수는 있지만 사면하는 일은 끝내 없었다.
6. 고아한 성품에 절약하고 검소하며 화려함을 좋아하지 않았다.
7. 그랬기에 숱한 영웅들을 무찔러서 해내(海內)를 거의 평정하였다.

사마광은 조조의 단점은 전혀 언급하지 않았다. 위에 보이는 6가지 장점과 그로 인해 7번째에 적어놓은 성과를 말했을 뿐이다. 해설해 보면 1은 사람을 보는 안목이 출중했을 뿐 아니라 상대방을 장악했음을 뜻한다. 쏘아 보는 눈빛이 강렬해서 자신의 폐부를 마치 뚫어 보는 것 같았기에 이실직고한 측면도 있었으리라. 2는 인물 기용에서 간판 보다는 능력 본위로 발탁했기에 부하들이 자신의 능력을 발휘했다는 게다. 3은 형식에 구애받지 않았고, 실무에 강한 모습을 상징한다. 4는 논공행상을 분명히 해서 노력한 만큼 대가를 받게 함으로써 무임승차하는 자들이 없게 했다. 부하들의 투지를 한껏 살릴 수 있도록 하였다. 현대의 기업 운영과 부합되는 국가 경영을 한 것이다. 성과급 관리를 철저히 했다는 게다. 5는 법을 어기지 않음으로써 법이 지닌 권위와 공정성을 살렸다. 공사 구분이 엄격했기에, 공(公)을 우선시하여 영(令)이 서게 했다. 그리고 인간적으로 슬프기는 했지만 법 집행에 예외를 두지 않았다. 조조는 제갈양 이전에 '읍참마속'을 자주 행했던 것이다. 6에서처럼 조조가 검소한 성품임은 정사 『삼국지』에 자세히 적혀 있다. 그의 장례 기간이 한 달이 채 되지 않은 데서도 헤아려진다. 7은 결론이 된다. 조조는 맨투맨에서도 강력한 카리스마를 지녔고, 실무에 강하고, 인사에는 신분에 상관없이 능력본위로 적재적소에 기용하였다. 또 논공행상이 분명하고, 법 집행의 신속·엄정함으로 기강을 잡았다. 게다가 가식을 떨친 질박한 성품으로 수범을 보였다. 그랬기에 부하들의 신뢰를 얻을 수 있었고, 나아가 민심도 얻어 원소 같은 강자를 쳐 부수고 대업의 큰 대들보를 올릴 수 있지 않았을까? 세상에 거져 얻는 것은 없다는 추상같은 교훈을 준다.

4

중국의 조조가 허구인 소설로 인해 뒤틀린 평가를 받았다. 그렇다면 한국에는 어떤 인물이 이 경우에 해당할까? 나는 서슴없이 백제 의자왕을 꼽고자 한다. 존재하지도 않은 '삼천궁녀'로 인해 부패타락의 대명사로 지목되었기 때문이다. 물론 의자왕은 국가 멸망의 무한 책임에서 결코 자유로울 수는 없다. 그렇지만 15세기 말의 싯구에 처음 등장하는 '삼천궁녀'로 인해 그는 오욕을 덮어 쓰고 있는 것이다. 그것만은 바로 잡아야 하지 않을까 싶었다.

의자왕은 당대에 국가가 망하지 않았다고 하자. 만약 그랬다면 그는 필시 우리 나라 도덕 교과서에 수록되었을 것이다. 이렇듯 의자왕은 반듯한 사람이었다. 가령 백제를 멸망시킨 당나라의 역사를 수록한 『구당서』나 『신당서』를 보자. 이곳에서 의자왕을 일컬어 '해동증민'이니 '해동증자'니 하는 칭송을 아끼지 않았다. '증민'은 공자의 제자로서 효행(孝行)이 우뚝했던 증자와 민자를 가리킨다. 의자왕은 부모에게 효도하고 형제간에 우애가 있었다. 그랬기에 그때 사람들이 의자왕을 해동증자로 일컬었다는 것이다. 기록만 놓고 본다면 의자왕은 우리 나라 역사상 가장 이른 효자가 된다. 그리고 의자왕의 품성을 일컬어 『삼국사기』는 "용감하고 결단력이 있었다"고 평(評)했다. 의자왕은 정치 지도자로서 가장 출중한 성품을 지녔던 것이다. 그러한 의자왕은 맹자의 왕도정치로써 한 세상을 열어나가고자 했다. 그는 즉위 직후 지방을 순행하면서 민심을 다독거렸다. 이때 그는 죄수 가운데 죽을 죄 외에는 모두 방면하였다. 이렇듯 그는 즉위 초부터 볼만한 치적을 적지 않게 남겼다.

나는 의자왕에 관한 몇 편의 논문을 발표한 바 있었다. 얼마 전에 다시금 관련 논문을 집필할 기회를 얻었을 때였다.

●아녀자이지만 국가와 명운을 함께 한 절개의 표상인 궁녀들의 순절처(殉節處)인 낙화암과 말없이 흘러가는 백마강.

의자왕대에 점령한 성의 숫자를 가만히 세어 보았다. 그랬더니 무려 '100여개 성'이었다. 모두 신라로부터 빼앗은 성들인 것이다. 주지하듯이 우리 나라 역사상 최대의 정복군주가 고구려 광개토왕이었다. 그가 점령한 성의 숫자는 「광개토왕릉비문」에 적혀 있듯이 64개 성에 불과했다. 우리 나라 역사상 당대에 의자왕 보다 더 넓은 영역을 개척한 군주는 누구도 없었다. 의자왕대의 백제군은 낙동강 동편으로 진출하여 경상북도 김천이나 구미 일대까지 휩쓸고 있었다. 신라의 안방까지 위협했을 정도로 의자왕대의 백제는 강성했던 것이다. 그러니 나는 다방면에 걸친 의자왕의 눈부신 업적에 절로 감탄하지 않을 수 없었다. 의자왕은 외교의 귀재이기도 하였기 때문이다. 그러나 의자왕은 자국의 국력에 대한 자만심으로 인해 천추에 씻을 수 없는 오점을 남기고 말았다. 그렇지만 강력한 왕권을 구축하면서 왕토사상에 의한 경제 개혁까지 단행했던 혁신 군주로서 의자왕에 대한 온전한 평가가 뒤따라야 할 것이다.

5

허구적 매체로 인해 진실이 왜곡되거나 묻혀 버리는 경우가 적지 않다. 조조와 의자왕을 생각할 때마다 이성적인 역사 인식의 시급성을 절감할 때가 한 두 번이 아니었다. 그러고 보니 백마강은 흐르는 듯 마는 듯 하지만 결국은 한바다에 이르지 않던가? 물레는 더디 돌아도 기어이 한 바퀴 돈다고 하지 않았던가? 한세상을 노력없이 공먹으려는 자들이 많다. 패거리나 짓는 이들이 무엇을 남기고 갈 수 있을까? 뭉쿨한 마음에 일필휘지로나마 거칠게 몇 자 적어 보았다. 코스모스 만개한 9월 마지막 날 아침이었다.

「한국전통문화학보」 52, 2008. 10. 8.

계백은 '패장(敗將)'인가?

1

부여군의 행정 중심인 군청의 로터리와 여름날 연꽃 축제로 관광객이 몰려오는 궁남지 근방에는 계백(階伯) 장군과 오천결사대 출정 동상이 각각 세워져 있다. 부여의 표상적(表象的) 인물로서 계백은 오늘도 우리 곁에 있다고 할까. 몇 해 전 부여에 셋트장이 마련된 '황산벌' 영화 촬영 무렵이었다. 대본을 보니 계백 장군이 전라도 사투리를 구사하고 있었다. 이로 인해 항의 글이 쇄도하여 관련 홈페이지가 다운 직전까지 갔다고 한다. 이유인 즉 부여군 충화면 천등산 자락에서 출생한 계백 장군의 출신지를 왜곡시켰다는 데 있다. 며칠 후 대전 MBC에서 이 문제로 내게 인터뷰를 요청하러 왔다. 학교 사사상 앞에서 조선 후기의 읍지(邑誌)에 계백이 충화면 즉 예전의 팔충면 출신으로 기록된 사실을 밝혀주었다. 그날 저녁 『월간 조선』에 연재 중인 '국보 기행' 취재차 학교에 들른 정순태 기자와 개성식당에서 반주를 들이키고 있을 때였다. 마침 켜져 있던 TV에서 대전 MBC 9시 뉴스가 요란한 시작 음악과 더불어 불과 몇 시간 전에 인터뷰한 장면이 머릿 보도로 방영되었다. 며칠 지나 발굴장의 지도위원회에서 그 기자가 내 곁에 다가오더니 나지막한 소리로 물었다. "계백 장군이 부여 사람 맞습니까?" 순간 나는 깜짝 놀랐다. "내가 부여에서 근무하고 있으니까 부여에 코드를 맞춰서 발언한 것으로 오해하고 있구나!"

●부여군청 앞 로터리에 세워진 계백 장군 동상

2

　나와 계백 장군의 '본격 조우'는 국민학교 4학년 때였다. 서점 주인에게서 『위인전 계백』을 선물받으면서였다. 책 표지는 갑옷 입은 계백 장군이 말 위에 앉은 모습이었다. 글방에 다니던 어린시절, 단오날 무예대회에 나가 장원한 후 집에 돌아왔을 때 어머니와 아내가 경단을 빚고 있던 장면 등이 지금도 선연하다. 중학교 1학년 2학기 때였다. 집에서 읽지 않는 책을 학교에 제출하면 도서벽지 국민학교에 보내겠다고 한다. 그 취지에 공감했는지 나는 뒹굴고 있는 책 가운데 『계백』을 학교에 제출했다. 훗날 『삼국사기』 계백전을 읽으면서 어린시절 읽었던 위인전의 내용은 황산벌 전투를 빼고는 죄다 상상의 산물이었음을 알았다. 그렇다고 허구의 세계에 장단 맞춘 것이 억울하지는 않았다. 오히려 참 잘 쓴 책으로 여겼지만, 학교에 제출한 것은 두고두고 후회되었다.

　이 책에서는 여운을 남긴 장면이 있다. 거의 끝 부분인데 장군이 장검을 뽑아들고 처자를 베기 직전의 모습이었다. 무릎 꿇은 아내와 두 명의 아들이 장군을 우러러 보는 장면이다. 장군은 하체만 그려져 있어 표정을 살필 수는 없었다. 세 사람의 눈에는 눈물이 그렁그렁 맺혀 있었다. 우수와 더불어 형언할 수 없는 감정이 교차하는 애절한 표정이었다. 그 장면이 너무도 곡진했던지 지금도 책의 삽화가 잊어지지 않는다.

허민의 '백마강'에서 "계백 장군 삼척 검은 님 사랑도 끊었구나"라고 노래한 그 장면이다.

계백 장군이 처자식을 벤 행위에 대해서는 거센 비난이 뒤따랐다. 조선 초기의 저명한 성리학자인 권근은 "잔인하고 무도해서 족히 교훈이 될 수 없다"고 질타했다. 나아가 "전장에 나가기 전에 처자를 죽였다는 것은 패할 줄 알았다는 것이요, 결국 군사들의 사기를 떨어뜨렸다"는 비난을 쏟았다. 물론 『표해록』을 지은 최부나 『동사강목』의 저자인 안정복은 권근을 비판하면서 계백의 행위를 숭고하게 평가했다. 자고

● 처자식을 베기 직전 고뇌하는 계백 장군의 모습 상상화

로 장수된 자는 집과 처자를 잊어야할 뿐 아니라, 백제 멸망기에 나라가 망하리라는 것은 삼척 동자도 알고 있었다. 그럼에도 계백이 처자를 벤 것은 가족과 일신을 돌보지 않은 행위였다. 오히려 병사들의 사기를 올렸다고 높게 평가했다.

3

계백과 관련해 상기되는 일들이 적지 않다. 언젠가 우리 학교에 지원한 학생들 면접 시험 때였다. 가상 질문을 통해 순발력과 대응 능력 그리고 학생의 정서를 포착하고 싶었다. 학생의 부친이 계백 장군처럼 행동하면 어떡할거냐고 물었다. 물론 반응은 각양각색이었지만 "아버지 왜 이러세요! 하며 권총을 빼앗는다"는 적극 저지파도 있었다. 전체적으로는 '같이 살 궁리를 도모' 하는 쪽의 이야기가 많았다. 그러나 "그런 일이 벌어지지도 않을 터인데 왜 그런 질문을 하냐?"며 한사코 답변을 거부했던 학생도 있었다. 경찰 공무원의 딸이었다.

7급 공무원을 채용할 때 면접관이었던 나는 대학 졸업 후 육군 대위로 예편한 이에게 물었다. 존경하는 인물을 묻자 용수철처럼 튀어나온 답변은 '계백' 이었다. 그가 나가자마자 면접관이었던 사무관이 "저런 강성 인물을 뽑으면 안돼!"라고 소리 질렀다. "처자식을 죽인 사람을 존경하다니! 같이 살

지혜를 도모했어야지!' 그때 나는 적이 놀라지 않을 수 없었다. "처자식 소중하지 않은 사람 누가 있겠는가? 처자식을 베라고 해도 지금 벨 사람은 아무도 없을 것이다. 그렇지만 멸사봉공의 정신을 가슴에 새겨야 할 공무원이 저런 말을 스스럼없이 하다니? 세상이 많이 변했구나" 싶었다. 그 사무관은 저런 원칙주의자가 들어오면 피곤해진다는 심사가 아니었을까. 계백은 단장(斷腸)을 끊는 아픔을 누르면서 살아서 치욕을 겪느니 차라리 한번 죽는 것이 영예로운 길로 판단했다. 계백은 스스로 몸을 지키기 어렵다고 판단되는 처자를 벤 것이다. 이로 볼 때 계백은 30대 초반의 청년 장군으로 그려진다.

부여군청에서 계백 장군 오천결사대 동상 건립 회의를 할 때였다. 어떤 교수가 동상 건립을 반대하는 명분으로서 "패장이기 때문에 안된다"고 했다. 그 말을 듣는 순간 열린 입을 다물 수 없었다. 계백은 최악의 조건에서 최선을 다해 네 번 싸워 네 번 승리했지만 역부족으로 전몰한 것이다. 그러나 그가 사력을 다했기 때문에 나당 연합군의 사비도성 진공 작전에 차질이 생기지 않았던가? 다시금 "세상이 이렇게 많이 변했구나"라는 생각이 스쳤다. 동시에 계백을 잘 알지도 못하면서, 또 계백의 10분의 1에도 미치지 못하는 삶을 사는 자들이 함부로 내뱉는구나 싶었다. 백제문화제에서도 황산벌 전투 재현에 대한 반대가 많았지만 금년 10월에는 현장에서 보게 될 것이다.

4

　　전장에서 계백은 3개의 군영을 설치해서 10갑절 많은 신라군을 분산시켰다. 그가 대전략가임을 암시해 준다. 동시에 옛적에 월나라 왕 구천이 5천명으로써 오나라의 무려 70만 대군을 격파했던 사례를 상기시켰다. 병사들에게 승리에 대한 자신감과 사기를 격발시키기 위해서였다. 군심(軍心)을 하나로 묶는 명연설이었다.

　전투 중에 계백은 신라의 화랑 관창을 생포했다. 핏발이 서는 전장에서, 그것도 처자식을 자기 손으로 정리하고 출전한 계백에게 아들같은 적의 어린 장수가 잡힌 것이다. 보통 사람들 같으면 손아귀에 잡힌 적의 장수를 무자비하게 도륙했을 법하다. 벼랑에 서 있을수록 한 치의 여유를 갖기는 더욱 어려운 일이다. 그러나 계백은 어린 장수를 살려 보내주었다. 황산벌 전투에서 가장 광채나는 순간이 아닐 수 없다. 나는 계백의 어진 심성에 탄복하지 않을 수 없었다. 평상심을 유지하기 어려운 전장에서가 아닌가? 사람은 극한 순간에는 내재되어 있던 본성이 튀어나오게 마련이다. 선친이 생전에 한 말 가운데 "사윗감을 고를 때 노름 한번 해 보면 성격을 파악할 수 있다"고 했다. 사실 그렇다. 평소 점잖은 이도 단돈

만원만 잃으면 숨소리부터 "색색" 거리는 경우를 본다. 그런데 노름과는 비교도 되지 않는 생사가 교차하는 전장에서 적장을 살려줄 수 있는 것은 보통 용기가 아니다. 감히 범인이 흉내 낼 수도 없는 일이 아닌가?

5

흔히 계백이 이끈 군대를 '오천 결사대'로 일컫고 있다. 그렇지만 모두 순국한 것만은 아니었다. 계백보다 관등이 높은 좌평 충상을 비롯한 20명은 신라군에 항복하였다. 평소 태도가 수상했던 충상은 뒤에 백제인들의 국가회복운동을 진압하는데도 앞장섰다. 여기서 충상은 왜 2등급인 달솔 관등의 계백 보다 고위직임에도 불구하고 총사령관이 될 수 없었을까? 위 아래가 맞지 않은 이상한 지휘체계이기 때문이다. 아마도 여기에는 필시 곡절이 있었을듯 싶다. 의자왕은 계백을 주장(主將)으로 삼아 출전시키려고 했지만 반대하는 세력이 많았던 것 같다. 그 절충으로 좌평인 충상을 전선에 투입시켜 계백을 견제하는 역할을 맡겼던 것으로 추측된다. 그러나 충상은 세(勢)가 불리하자 기다렸다는 듯이 신라군에 납작 엎드려 항복하고 말았다. 계백은 의자왕의 신임을 받았기에 난국을 타개할 수 있는 적임자로 꼽혀 출정한 것으로 보인다. 계백은 자신을 신뢰한 임금에 대한 보답으로 최선을 다해 용전분투했던 것이 아닐까?

이와 관련해 "사(士)는 자신을 알아주는 사람을 위해 목숨을 바치고, 여자는 자기를 이뻐해주는 이를 위하여 얼굴을 가꾼다"는 말이 상기된다. 관우와 싸우러 나갈 때 조조는 방덕을 주장으로 삼고 싶었다. 그러나 투항한 지 얼마 되지 않았을뿐 더러 방덕의 주군인 마초가 촉나라에 있는 상황이었다. 반대가 많았기에 조조는 부득불 우금을 대장으로 삼고, 방덕을 부장으로 삼아 출진시켰다. 그러나 정작 끝까지 용전분투하다가 굴(掘)하지 않고 순국한 이는 방덕이었다. 고지식한 원칙주의자로서 조조와 30년간 전장을 누볐던 우금이지만 항복하고 말았다. 조조의 맹장 서황은 "나는 명군(明君)을 만났으니 공을 세워 보답할 뿐, 어찌 사사로운 영예를 좇겠는가"라고 했다. 그러니 계백의 용전에는 의자왕의 신뢰와 사랑이 깔려 있지 않았을까. 계백이 전장에서 군사들에게 "국은(國恩)에 보답하자!"고 했다. 여기서 '국은'은 '나라의 은혜'라는 뜻도 있지만 '천자의 은택'이라는 뜻도 담겼다. 계백은 '천자' 곧 의자왕의 은택에 보답하고자 한 것이다.

6

신라 군대의 진격을 막고 괴롭혔던 이가 계백이었다. 그의 웅자(雄姿)는 황산벌에서 부대꼈던 신라 군인들을 통해

회자 되었을 것이다. 결국 그의 행적은 『삼국사기』에 수록되었다. 이 경우는 "적이지만 훌륭했다!"에 속한다. "형님 먼저! 아우 먼저?" 식으로 패거리 지어 끼리끼리 밀어주고 당겨주는 것을 미덕(?)으로 알았던 이들은 시간과 더불어 잊어진다. 프랑스의 세계적인 조각가 로댕은 생전에 상 한번 타지 못했다. 그러나 상이란 상은 휩쓸었던 이들은 죽음과 동시에 잊어지고 말았다. 당태종에게 치욕적인 패배를 안겨주었던 고구려 안시성주의 이름도 중국인들을 통해 전해 내려왔다. 이유는 단 하나, 적이지만 훌륭했기 때문이었다.

    내가 중학교 3학년 때 읽었던 『주간 조선』에는 포르투갈 신부의 임진왜란 종군기가 수록되었다. 이 중 탄금대 전투에서 왜군이 조선군 장수를 생포한 이야기가 인상적이었다. 왜장이 그를 살려보내려고 했다. 그러자 그는 "돌아 갈 수 없다"며 흔연히 죽음을 받아들였다. 왜군들은 정중하게 장례를 치러주었다고 한다. 왜군들도 "적이지만 훌륭하다"고 여겼기에 그를 죽이는 것을 아깝게 생각했었다. 2차 대전 때 영국 의회에 출석한 처칠은 독일의 롬멜 장군을 가리켜 이런 말을 했다. "우리에게는 대담하고 솜씨 좋은 적이 있다. 전쟁의 재앙인 그는 그러나 장군으로서 더없이 위대하고 훌륭하다!" 태평양전쟁 때 이오지마에서 미국 해병대를 괴롭히면서 완강히 저항했던 일본군 구리바야시 타다미찌 중장에 대한 평가도 이와 동일하다. 그는 당초 태평양전쟁 자체를 승산이 없는 전쟁이라고 반대했던 군인이었다. 그러나 구리바야시는 사지(死地)에서 최선을 다하였다. 그랬기에 미국의 브레들리 장군은 그를 가리켜 "미국을 가장 힘들게 하고도 미국에서 가장 존경받는 남자"라고 평가했다. 당시 이오지마에 상륙한 미군은 적장의 시신을 찾으려고 했지만 끝내 발견하지 못하였다. 명예 관념이 각별했던 계백 장군도 자신의 시신이 모욕당하는 것을 원하지 않았음이 분명하다. 그는 '깨끗한 마무리'를 지은 것으로 보여진다. 조선 선조 임금도 지시했지만 끝내 찾지 못했던 게 계백의 묘소였다. 그렇지만 계백은 고결한 행적으로써 우리 곁에 지금도 살아 있다. 지고도 이긴 계백이야말로 진정한 승자가 아니겠는가?

7

그리운 이가 생각 날 때면 백제 때 신선이 조석으로 날아다녔다는 부산(浮山)에 오른다. 흐르는듯 마는듯 하지만 결국은 큰 바다에 이르는 백마강가에서 계백을 회상한다. 순암 안정복은 "(계백이) 험한 곳에 의지해서 진영(鎭營)을 설치한 것은 지(智)요, 싸움에 임해서 무리에게 맹세한 것은 신(信)이며, 네 번 싸워 이긴 것은 용(勇)이요, 관창을 잡았다가도 죽이지 않은 것은 인(仁)이며, 두 번째 잡았을 때 죽여서 그 시체를 돌려 보낸 것은 의(義)요, 중과부적해서 마침내 죽어 버린 것은 충(忠)이다"고 했다. 계백은 이상형인 '지'·'신'·'용'·'인'·'의'·'충'의 총합(總合)이었다. 순암은 마지막으로 "삼국시대에 충신과 의사가 물론 많았지만, 사전(史傳)에 나타난 것을 가지고 말한다면 마땅히 계백을 으뜸으로 삼아야 할 것이다!"고 했다. 이 보다 더 높은 평가가 어디 있겠는가?

작금의 현실은 '충신과 의사의 으뜸'인 계백을 폄훼시키느라 바쁘다. 금도(襟度)도 사라진지 오래되었다. 그러나 시류와는 상관없이 사나이라면 계백같은 사생관을 지녀야 하지 않을까? 나는 생애의 마지막이 어떻게 될지 알지 못한다. 비굴하게 생을 접을지는 그때 가 봐야 알 것이다. 그러나 길을 걸으면서도 언제나 가슴에 아로 새기는 글귀가 있다. "깨끗하게 살다 가자!" 천 수백년 세월의 강을 건너 전해지는 계백의 향기나는 행적이야 말로 우리 삶의 스승이 아니겠는가! 황산벌 전투의 승자는 정녕 김유신이 아니라 계백이었다. 황산벌의 함성은 오늘도 나의 귓전을 울리고 있다.

「한국전통문화학보」 50, 2008. 5. 21.

백제금동대향로는 중국제인가?

1

2박 3일 일정으로 목요일 오전 수업을 마치자마자 내 연구실을 방문한 이들의 차편을 이용해 읍내로 갔다. 백제에서 신라로의 여행이 시작된 것이다. 공주를 거쳐 유성으로 간 후, 지하철을 이용해서 대전역에 가니 오후 3시가 넘었다. KTX를 이용해서 동대구를 경유하여 경주역에 도착한 후 택시로 보문관광단지에 자리잡은 드림센터에 도착하니 저녁 6시가 슬쩍 넘었다. 이곳에서는 제2회 신라학 국제학술대회가 열리는데, 주제는 '실크로드와 신라문화'였다. 경주시장의 만찬사에 이어 종합토론자로서 나를 이곳에 오게 한 경북대 문경현 명예교수의 건배사가 있었다. 서역 문화가 신라에 끼친 영향을 살핌으로써 신라 문화의 국제성을 조명해 보는 학술 세미나인 것이다. 얼마 전 국립경주박물관에서 '서역과 신라'라는 특별전과 국제학술대회를 연 바도 있었다. 비록 어제 오늘일은 아니지만 신라 문화의 국제성이 집중 조명되는 뜻 깊은 세미나인 것이다.

2

학술대회장에서 만난 이들 가운데 "어떻게 자유롭게 경주까지 올 수 있었느냐?" 혹은 "총장님이 바뀌었냐?"며 능청을 떠는 국립대 교수도 있었다. 속으로 "당신은 초청도 받지 못한 주제에 무슨 시간이 많아서 이곳을 어슬렁 거리냐?"고 묻고 싶었다. 내가 '신라 땅'까지 진출한 것 같으니까 자못 심기가 불편한 것일 게다. 동시에 고정 관념은 잘 바뀌지 않는다는 속설을 확인하였다. 겪어 보지도 않은 이들이 들은 풍월이나 지레짐작으로 '이도학이가 옥죄이며 지낼 것이다'고 상상하는 것이다. 하여튼 그날 나를 걱정(?)해 주는 여러 사람을 만났다.

이와 관련해 사람의 선입견은 쉽게 바뀌지 않는다는 생각이 들었다. 첫 인상이 그 사람을 결정하는 경우에서도 알 수 있다. 백제에 대한 선입견 역시 이와 무관하지 않을 것 같다. 중고등학교 국사 교과서에 보면 광개토왕이나 장수왕대의 고구려 영역이 광활하게 그려져 있다. 신라 진흥왕의 순수비가 함경도의 황초령과 마운령까지 쑥 올라가 있는 지도를 접한다. 반면 백제의 경우는 가장 왜소한 모습으로 지도상에 나타난다.

　감수성이 예민한 청소년기에 국사 교과서를 통해 우리 역사를 배운다. 이때 접한 왜소한 백제상(百濟像)은 역사를 연구하지 않는 이상 당시 얻은 인상이 평생을 지배하게 마련이다. 이와 관련해 나는 국민학교 6학년 1학기 때 배운 국사 교과서의 문구가 지금도 기억에서 지워지지 않는다. 백제 성왕이 패사한 관산성 전투 이후를 "이후 백제는 명맥만 유지하였다"고 기술되었다. 그러나 기실은 성왕대 이후의 백제는 신라를 크게 압박하였다. 특히 의자왕대의 백제군은 낙동강 동편까지 진출하여 신라를 궁지에 몰아넣고 있었다. 그러니 "명맥만…"라는 구절은 천부당 만부당한 것이다. 지금도 이 구절을 떠 올릴 때마다 쓴 웃음이 나는 것은 고사하고 이로 인해 백제에 대한 편견의 골이 얼마나 깊어졌을까를 생각하니 모골이 송연해 진다.

3

　지난 10월 7일 공주대학교에서 개최된 '교류왕국 대백제' 국제학술대회에서였다. 백제가 동남아시아 지역과 어떻게 교류를 할 수 있겠냐는 것이다. 이 말만 들으면 "학자다운 신중한 자세"라며 감탄하는 이도 나올 법 한다. 백제가 부남(扶南)의 재물과 그곳의 노비를 왜에 선물한 기록이 있다.

부남은 지금의 캄보디아를 가리킨다. 그런데 백제가 멀리 떨어진 캄보디아와 교류할 수 없으니 당구의 소위 쓰리쿠션처럼 중국을 통해서 얻었다는 것이다. '부남의 재물'만 기록에 나왔다면 그럴 수도 있겠지만 노비까지 중국에서 얻었다? 중국에는 '인종(人種) 시장'까지 있었다는 말인가? 금시초문의 발상이 아닐 수 없었다. 고구려가 수나라와의 전쟁에서 획득한 포로 출신의 노비와 군수품을 왜에 보낸 적이 있다. 마찬가지로 백제가 캄보디아와 교류한 관계로 얻게 된 그곳의 재물과 인적 자원을 왜에 보낸 것이다. 백제가 단순히 중국 시장에서 확보한 진귀한 재물이라면 굳이 국적을 명시할 필요가 있었을까? 백제는 왜에 보낸 재물과 노비의 산지(産地)와 출신지를 이례적으로 명시하였다. 그럼으로써 캄보디아의 물산을 장악한 자국의 위상을 드높이고자 한 것이었다.

당시 나는 지난 세기에 우연히 시청하게 된 NHK의 후지노키 고분 발굴 관련 대담 프로 이야기를 꺼내지 않을 수 없었다. 일본의 전문가는 후지노키 고분에서 출토된 코끼리 문양이 투조된 마안구의 계통을 살폈다. 그러면서 백제가 부남의 재물을 왜에 보낸 『일본서기』 기사를 소개하면서 백제 문화의 국제성을 언급하던 기억이 났다. 그러나 그 교수는 막무가내였다. 백제가 어떻게 동남아시아인들과 교류할 수 있냐는 것이었다. 이때 나는 물었다. 백제 문화를 국제적인 문화라고 하는 데 동의하냐고 하자 "그렇다"고 했다. 그런데 백제가 고작 중국이나 일본과 교류한 것을 가지고 국제적인 문화라고 할 수 있을까? 조선왕조의 경우도 지금의 오키나와인 유구국은 물론이고 태국이나 인도네시아와도 교류를 가진 바 있었다. 이렇게 본다면 차라리 조선왕조를 '교류왕국'이라고 불러야할 판이다. 또 그 문화를 국제적인 문화라고 자찬(自讚)해도 크게 틀리지 않는다?

그 교수의 뇌리에는 중국이 동아시아 문명의 중심지라는 관념으로 꽉 차 있었다. 중국을 거치지 않고서는 백제가 감히 동남아시아 물산을 얻을 수 없을 거라는 편견이었다. 나는 백제 사신이 지금의 말레이 반도와 남부 베트남을 가리키는 곤륜(崑崙) 사신을 바다 밑에 밀어 넣어 수장(水葬)시킨 사건을 말했다. 백제인들이 동남아시아인들과 스킨십한 사건을 통해 중국을 매개로 한 간접 접촉이 아니라 직거래가 이루어졌음을 환기시켰다. 백제 사신이 단순히 곤륜 사신을 살해했다고만 기록에 남았다고 하자. 그러면 사신으로 온 중국에서 발생한 사건으로 우기고도 남았을 것이다.

흑치상지의 조상들이 분봉된 흑치는 충청남도 예산이 될 수가 없었다. 금방 허구가 들통이 나는 어설픈 고증이었기에 관련 교수는 대응도 못했다. 흑치=필리핀 설을 무력화시키기 위해 중국인 교수를 토론자로 붙여 대항마로 내세웠다. 그것을 보면서 저렇게까지 기(氣)를 쓰고 백제의 동남아시아 진출을 저지하고자 하는 저들의 심사는 무엇일까라는 상념이 스쳤다.

4

신라학 국제학술대회에 참석하고 있을 때였다. 대전의 모 신문사 기자가 원고 요청을 했다. 백제금동대향로에 관한 건이었는데, 마감이 일요일까지였다. 날짜가 촉박해도 보통 촉박한 게 아니었다. 직감적으로 "뺑뺑이 돌다가 내게 온 것이로구나" 싶었다. 그런데 나는 그 원고를 집필 할 수 있는 물리적 시간이 도저히 되지 않았다. 금요일에 부탁받은 원고는 토요일 밤 늦게 되어야만 컴퓨터 앞에서 작업할 수 있기 때문이었다. 더구나 학보사 주간으로서 연재물인 '주간 칼럼, 백마강은 흐른다'는 시작도 못하였다. 그밖에도 일요일 중으로 급히 처리하거나 마무리할 원고가 2편이나 대기하고 있었다. 그런 사정을 말한 후 두 사람을 소개시켜주고는 전화를 끊었다.

전화를 끊고나니 생각나는 이가 있었다. 백제금동대향로가 중국제일 가능성을 제기했던 모 교수였다. 그이는 중국 남조시대의 전돌에 백제금동대향로와 도상(圖像)이 유사한 향로가 잡히자 곧바로 연결시켰다. 그러나 이 향로와는 받침대 부분이 전혀 다름에도 불구하고 전돌에 표시하는 과정에서

축약했을 것으로 얼버무리며 동질성을 말했다. 즉 향로의 반구형 몸통 받침대는 용이 아닌 기둥 모양이지만 전돌에 용을 표현하는 일이 쉽지 않아 생략한 것으로 간주했다. 이번에 경주에서 만난 어떤 교수의 말에 따르면 몇 해 전 모 교수의 발표문은 중국의 「인민일보」에 크게 보도되었다고 한다. 한국 학자 가운데도 백제금동대향로를 중국제로 주장하는 이가 나왔다며 고무되었던 것이다. 중국에서는 백제금동대향로를 당나라 제품으로 간주한 책이 간행되었다고 한다(당시 필자는 그 자리에 있었던 복수의 인사에게서 들은 바였다. 그러나 필자는 보도 여부가 사실이 아닌 것 같아 1년 후 발설자인 그 교수에게 물었더니 그런 말을 한 적이 없다고 잡아뗐다).

이와 관련해 내게도 상기되는 일이 하나 있다. 벌써 몇 해 전에 모종의 일로 알게 된 고등학교 역사 교사가 중국의 모 박물관에서 백제금동대향로와 동일한 것을 발견했고, 또 촬영까지 했다는 것이다. 깜짝 놀란 나는 그 교사에게 향로 사진을 찾아서 보내 달라고 했다. 그 교사 역시 여러 해 전에 촬영한 것인지라 찾는데 상당한 시간을 보냈다. 조바심에 나는 여러 차례 독촉 메시지를 보냈다. 결국 회신이 왔고, 메일로 받아 본 향로의 모습은 백제금동대향로와는 사뭇 달랐다. 그 교사도 처음 봤을 때의 향로 인상하고는 틀려서 미안하다고 했다. 헤프닝으로 끝난 사건이었다. 물론 모 교수의 지적이나 중국 박물관의 향로는 백제금동대향로와 모티브가 동일한 것은 사실이다. 그러나 지금까지 확인된 중국제 향로 가운데 백제금동대향로보다 정교한 제품은 없었다. 더구나 중국 남조의 전돌에서처럼 받침대가 기둥으로 된 향로는 실제 존재하고 있다. 중국 샨시성 싱핑현[興平縣]에서 출토된 향로가 바로 그 모습인 것이다. 따라서 남조 전돌에 묘사된 향로는 백제금동대향로와는 계통이 다르다는 것을 알게 된다.

● 중국 샨시성 싱핑현에서 출토된 금동 향로

백제금동대향로의 중국제 여부는 전문가들의 면밀한 검토를 통해 결정할 사안이다. 중국제로 간주하는 모 교수의 견해 역시 학자적 소신인 것은 분명하다. 그런 만큼 자신의 논지를 더욱 보태고 강화해서 자신 있게 주장하기를 바랄 뿐이다. 원고 청탁이 오면 피한다거나 공개석상에서 당당하게 자신의 소견을 피력하기 보다는 "지금은 때가 아니다"는 식으로 쉬쉬하며 수면하로 잠복하는 일은 없어야 할 것 같다. 모 교수는 비록 그런 사람은 아니지만 여타 연구자들에게 노파심으로 던지는 말이다.

5

백제와 동남아시아인들과의 교류를 암시해 주는 물증 가운데 하나가 의자왕이 왜 조정의 권신인 후지와라노 가마타리에게 선물한 바둑판과 바둑돌이다. 바둑판의 재료인 자단목의 원산지는 스리랑카이다. 4종류의 바둑돌 가운데 절반은 재료가 상아였다. 의자왕의 바둑판은 백제가 동남아시아 세계와 교류했음을 웅변해주는 물증이 된다. 그럼에도 백제가 어떻게 동남아시아와 교류했겠는가라는 편견으로 인해 역시 중국제일 가능성을 살펴야 한다는 주장도 있다. 엄숙한 표정을 지으면서 "신중해야 한다"며 짐짓 학자연하는 경우도 접한다. 그러나 이 바둑판의 17개 화점 숫자는 중국 바둑판과는 전혀 다르다. 지금은 사실상 명맥이 끊긴 국산 순장바둑판과 동일한 것으로 밝혀졌다. 따라서 의자왕 바둑판은 백제 제작이 명백하다.

이 바둑판의 모서리에는 모두 6마리의 낙타가 그려져 있다. 『일본서기』에 따르면 백제가 왜에 보낸 선물로 낙타가 2회나 등장한다. 그럼에도 백제 땅에 무슨 낙타가 있었냐며 목청을 돋웠던 이들에게 바둑판 모서리의 쌍봉 낙타 그림은 그들을 무색하게 만들고 있다.

6

백제사를 공부하면서 봉착하는 가장 힘든 장벽은 편견이었다. 잘못 입력된 선입견으로 인해 물증을 제시해도 도시 믿지 않는 이들이 나온다. 물론 동아시아 문명의 상징으로서 중국의 존재는 부정하지 않는다. 그러나 의외로 그 비중이 너무나 지대한 사람들을 만나게 된다. '중국'을 통해 한국 민족의 문명사를 해결하려는 것이다. 그러나 이제는 더 이상 '중국'이 만능 열쇠가 될 수 없을 뿐 아니라 백제를 비롯한 우리 문화의 형성 과정도 다각도로 모색하는 노력을 게을리 해서는 안 될 것 같다. 각자의 마음에 스스로 높다랗게 쌓은 '만리장성 벽'을 허물지 않고서는 정체성타령은 구두선에 불과하다. 이제는 까닭도 모른채 자기 역사를 스스로 비하시키는 사관에서 과감히 벗어나야하지 않을까?

「한국전통문화학보」 53, 2008. 11. 19.

●백제 의자왕이 왜 조정의 권신인 후지와라노 가마타리에게 선물한 상아로 만든 바둑돌

가식 없는 삶

1

21세기 대학 사회의 구성원으로 생활하면서 우리가 잃어버린 것이 무엇인가를 생각할 때가 있다. 그런데 세기를 넘어 살아 온 나로서는 가히 혁명이라고 할 수 있는 게 몇 가지가 있다. 집필혁명과 관련한 개인 컴퓨터의 등장이다. 예전에 200자 원고지 칸을 메우던 시절과 비교하면 금석지감을 넘어 경이적이라고 할 수 있다. 악필에다가 '갈매기'가 날아다니는 수정에 수정을 거듭하는 원고뭉치는 팔이 떨어져나가는 듯한 고통을 수반한 체력 소진에다가 엄청난 시간을 빼앗아 갔다. 한번에 방대한 논문을 원고지에 작성해야 하는 박사학위논문을 제출하고 나면 병이 난다는 소위 '박사병'이라는 것도 육필원고라는 중노동에 말미암은 우스갯소리였던 것이다. 그러한 판국에 짧은 워드 프로세스 단계를 거쳐 개인용

터가 보급되었다. 이제는 그것이 일반화된 지도 아득한 옛일처럼 느껴진다. 저명한 일본의 동양사학자인 미야자키 이찌사다는 95세까지 장수하기도 했지만 24권에 이르는 방대한 분량의 전집을 남겨놓고 갔다. 유려한 문장으로 정평이 난 그의 저작물은 퇴고에 퇴고를 거듭한 산물임은 두말할 나위 없다. 그러한 그가 지금 시대에 연구를 했더라면 더욱 많은 업적을 생산할 수 있었을 터인데 하는 아쉬움이 들기도 한다. 연구 효율성이 극대화된 시대에 살면서도 자신의 연구 성과가 20세기 때 사람보다 지지부진하다면 분야가 적성에 맞지 않거나 게으름의 산물이라고 단정할 수밖에 없지 않을까?

2

21세기를 누리면서 겪는 경이감 가운데 하나가 고속전철의 이용이다. 이 역시 가히 교통혁명이라고 할만하다. 일단 서울에서 대구까지 2시간도 채 소요되지 않는 관계로 서울에서 학회 모임을 갖게 되면 세미나가 끝나자마자 종종걸음으로 "내려간다"고 하직인사를 하고는 총총히 사라졌던 대구나 부산쪽 사람들이었다. 그런데 이들이 저녁식사는 물론이고 심지어는 노래방까지 갔다가 느긋하게 내려간다는 우스갯소리가 나돌고 있다. 역시 믿는 구석이 있기 때문인데 바로 고속전철인 것이다.

그 밖에 핸드폰이라는 통신혁명을 꼽지 않을 수 없다. 초등학생들까지도 전화기를 호주머니에 넣고 다니는 세상이 된 것이다. 내가 고등학교 1학년 때 학교에서 전화기 있는 집을 조사하자 서울에서도 7~8집 밖에 없었다. 그것도 백색전화니 흑색전화니 해서 구분되었을 뿐 아니라 시외전화라도 걸라치면 불편은 생각하기도 싫은 기억이 되었을 정도였다. 그러한 시절을 겪은 나로서는 작금의 통신혁명은 생각할수록 경이적인 일에 속하는 것이다.

집필과 교통, 그리고 통신 혁명은 일단 스피디한 세상을

● KBS 1TV 역사 프로그램에서 인터뷰 하는 연구실에서의 필자. 필자의 방은 난잡해서 여러 해 전부터는 동료 교수의 방 등을 이용해서 인터뷰하고 있다.

만들었다. 세상이 놀랄 만치 빠르게 돌아 간 것이다. 이러한 틀에 맞춰서 사람들도 빠릿빠릿해졌다. 그러나 영악한 쪽으로 머리가 돌아가는 현상도 목도된다.

3

작금의 세태와 관련해 왕자의 난 때 궁중에 숙직하는 친구에게 놀러 왔다가 궁문이 닫히는 바람에 영문도 모른 채 붙잡힌 이가 상기된다. 진주 출신의 하경복이라는 무인이었다. 무사들이 그를 베려고 하자 뿌리치고 뛰쳐나가 정안군 이방원 앞으로 달려 나가 한 마디 하였다. "이 같은 장사를 죽이면 무엇이 유익하오리까?" 자기 같은 용사를 죽여서 무슨 이득이 있을 것이며, 차라리 활용하는 편이 낫지 않겠냐는 뜻이었다. 정안군은 즉각 그를 풀어주었다. 순박한 무사였던 하경복은 훗날 중용되어 세종의 북방 개척에 큰 공을 세우기까지 했다. 중국의 조조(曹操)의 경우도 처음 군대를 일으켰을 때 고작 이전과 악진, 그리고 하후돈·하후연 정도가 곁에 따라 다녔다. 그는 숱한 적의 장수들을 자기 사람으로 만들었기에 화북을 통일할 수 있었다. 이 같은 금도(襟度)와 웅장한 포부야 말로 소수에서 출발한 조조가 웅지를 이룬 기반이 되지 않을까 생각해 본다.

조금 전에 소개한 하경복은 어느 날 궁중에 있는 매화가지

하나를 툭 꺾어서 투구 위에 꽂았다. 그 장면을 관리하는 자가 보고는 기겁하며 꾸짖었다. 그러자 하경복은 "우리 집 울타리 가에 마소[牛馬]를 맨 것이 이 나무요, 꺾어서 땔나무를 한 것도 이 나무이니 무엇이 귀할 게 있겠는가?"라고 하자, 사람들이 모두 추졸(醜拙)하게 여겼다. 그렇지만 사람들은 하경복의 기개만큼은 장하게 여겼다고 한다. 가식이 없는 하경복의 순박한 태도를 높이 샀던 것이다. 그런데 이와는 달리 21세기의 초스피드 시대를 살면서 좌고우면하는 이들이 많음을 발견하게 된다. 뭐가 그리 겁이 나고 자신이 없는 지 모를 일인 것이다. 소신도 배포도 없는 경우가 실로 많다.

눈치 보는 데는 재빠르지만 시체말로 낯 두꺼운 이도 있다. 일례로 원서 강독 시간에 해석을 하다가 몇 페이지인지 교수와 학생이 서로 맞지가 않았다. 결국 학생이 앞으로 나와 "교수님! 이 페이지입니다"라고 말하면서 보니까 그 교수는 자신에게 익숙한 언어로 적힌 번역본을 곁에 두고 있더라는 것이다. 영어를 유창하게 하는 것처럼 하면서 곁의 번역본을 힐끔거리며 강독하다가 뜻하지 않게 발각(?)된 것이다. 또 그 교수는 영어를 잘하는 제자에게 강의할 영서를 번역시켜 자신에게 몰래 대령하도록 했다. 그 학생은 번역 대령이 너무 힘들어서 자신의 선배를 찾아가 하소연을 하더라는 것이다. 모두 위선의 극치가 아닐까 싶다. 다행한 것은 그가 본교 교수가 아니라는 데 안도하며 가슴을 쓸어야 할까 싶기도 하지만 비극인 것은 부인할 수 없다.

4

"적이지만 훌륭하다"는 말이 있다. 방금 전까지 목숨을 걸고 싸웠던 상대지만, 자신이 처한 상황에서 최선을 다한 삶은 지탄이 되기는커녕 칭송을 받는다. 소신과 철학을 갖고 한 행동은 평가를 떠나 당당할 수밖에 없다. 그런데 물질의 풍요에 비례해서 마음 씀씀이가 풍족해지는 게 아니다. 각박하거나 영악하기 이를 데 없는 것 같아 씁쓸하기 이를 데 없다. 우리 시대에도 여전히 유효한 참가치를 잃어버린 것 같아서였다. 오늘 따라 가식없는 삶이 그리워진다.

「한국전통문화학보」 58, 2009. 10. 8.

대한제국은 왜 멸망했는가?

1

21세기 한국 사회이지만 여전히 귀감이 되는 좌표로서 '꼿꼿한 선비 정신'은 유효한 것 같다. 선비란 글 읽는 것을 업으로 삼는 재야의 지식인을 가리킨다. 이러한 선비의 신분은 양반인 것이다. 양반은 명분과 체면을 중시한다. 대추한 개로 요기를 하더라도 굶주린 기색을 보여서는 안 된다는 식이다. 대학 다닐 때였다. 지금은 다른 대학교에 재직하고 있는 어떤 교수님께서 물었던 게 있다. 나는 조상들이 고향에서 유지였다는 말만했을 뿐 양반 출신이라는 말은 끝내 하지 않았다. 지금도 의아한 것은 왜 그것을 물어 보았는가였다. 양반 출신은 소년시절에는 긍지로 여겼지만 대학 시절에는 내게 별 의미가 되지 못했다. 양반과 선비에 대한 부정적인 이미지가 너무나 강했기 때문이었다. 다산은 유명한 애절양

시에서 "다 같은 백성인데도 이다지도 불공평한가!"라고 절규했다. 소년시절부터 나의 백모는 '전주 이씨 양반'이나 '선비는' 운운하는 경우가 많았고, 양반의 행동거지에 대한 말씀을 많이 했었다. 그것은 하나의 규제였고 속박이었지만 그런대로 넘어 갔었다. 그러나 '대쪽'도 좋지만 문약과 위선인 듯한 선비 이미지에는 대단한 반감을 품고 있었다.

2
우리 사회에서는 몇 주년 기념 행사가 무척 많다. 3주

●다산 정약용 선생이 유배 생활하며 고뇌했던 다산초당

년부터 해서 5주년, 10주년하며 뭔가 의미를 기리려고 한다. 그런데 아직껏 나는 한·일 강제 병합이 아닌 대한제국 멸망 100주년 기념 행사를 준비한다는 말은 듣지 못했다. 내년이면 1910년에 멸망한 대한제국 몰락 꼭 100주년이 된다. 물론 이는 되새기고 싶지 않은 비극적인 사건임은 분명하다. 그렇지만 대한제국은 일제(日帝)가 아니더라도 반드시 무너져서 민국(民國)체제로 넘어 갔을 것이다. 어쨌든 100년 전에 대한제국은 멸망했고 이제 다시금 100년이 되는 시점에 이르렀다. 그러면 왜 대한제국은 멸망했는가에 대한 기념 세미나도 한 번쯤은 개최되어야 하지 않을까. 멸망에 대한 최소한 성찰이라도 필요하고, 또 그러한 시늉이라도 해야 되지 않을까 싶다.

지금까지는 국권 상실의 책임을 일제에게만 찾았다. 그렇게 몰아붙임으로써 위안을 삼는 경우가 많았다. 조선이라는 순진한 처녀가 일제라는 이리에게 겁간(劫姦)당한 식의 해석이 주류를 이루었다. 이러한 해석만이 아직까지도 우리에게 면피가 되는 것일까? 일제에게 책임을 묻는 일은 삼척동자도 할 수 있다. 물론 그것은 또 틀린 지적도 아니다. 그러나 이제는 냉정하게 생각해야 될 것 같다. 당시는 약육강식 제국주의 열강의 시대였다. 조선이 그렇게도 믿고 의지했던 중국도 아편전쟁 이후 서구 열강의 반식민지로 전락하고 말았다. 다산은『경세유표』머리글에서 "터럭 만큼도 병통이 아닌 것이 없는 바 지금이라도 고치지 않으면 반드시 나라가 망할 것이다!"는 얼음장같은 진단을 내렸다. 조선은 내부적으로 무너져 가고 있었다. 그럼에도 사회 개혁은 이루어지지 못했다. 열강의 침입에 대한 대안도 없이 그저 문만 굳게 닫아 걸기만 할 뿐이었다.

3

대한제국이 몰락한 진정한 이유는 무엇일까? 일본은 개화에 성공해서 환골탈태하여 열강의 반열에 올랐다. 그러나 대한제국은 변화를 두려워했다. 그러한 연원을 거슬러 올라가면 고려시대인들이 자랑스럽게 운위했던 소중화 의식에 이르게 된다. 소중화는 중국화의 정도를 말하는 것인데, 곧 중국화되었음을 뜻한다. 더욱이 고려말에 수입된 성리학적 세계관의 도입에 따라 사고 관념 자체가 경직되었다고 할 수 있다. 조선은 주자학에 사로잡힌 사회라는 말은 이래서 나온 것이었다. 5년 전에 구입해서 읽었던『역사의 교차로에서』라는 좌담문에서 재일동포 김달수 선생은 "유교는 정체(停滯) 철학이기 때문에, 유교에서는 (현재의 질서를 존중하기 때문에) 호기심을 가져서는 안 된다고 했는데, 그러나 호기심을 갖지 않으면 진보할 수가 없다"는 말을 제기하였다. 일본의 작가

진순신은 "유교는 질서를 너무 중시한 나머지 운신하기 힘들 정도로 체제를 고정시키는 경향이 있다"고 했다. 일본의 국민작가 시바료타로는 "유교를 채용하여 옛날을 가치 있는 것으로 인정한다면, 아무래도 그런 사회는 유동을 멈춘 채 고체처럼 되는 게 아닐까"라고 하였다.

한양도성의 정문인 남대문의 이름이 숭례문(崇禮門)이었다. 이렇듯 조선은 예(禮)를 숭상하였다. 해서 '동방예의지국'이라는 평판을 얻지 않았을까. 예라는 도덕적 규범은 사회적으로는 체면이라는 사안으로 나타난다. 체면은 형식을 중시하는 풍조를 조장하고 실질을 멀리하는 속성을 지녔다. 또 유교의 효(孝) 관념은 현실 안주적인 정서를 배양하는 관계로 그 사회의 역동성을 희석시킨다. 그러니 효 문화는 조선 사회의 발전을 막는 일종의 걸림돌이라는 평까지 나왔다. 극단적으로 말해 이러한 보수 사상은 사회 변혁을 가로막았다는 것이다. 혹자는 한국 민족주의의 뿌리를 위정척사 사상에서 찾기도 한다. 그러나 위정척사파야 말로 존재하지도 않았던 가공의 시대를 그리워하며 그곳으로 회귀하고자 했던 모화(慕華) 수구파의 전형으로 지목될 수도 있다.

4

명분을 앞세우며 마치 꼿꼿한 선비처럼 행세하지만

기실은 꿍꿍이 속은 딴 데 있는 경우를 흔히 보게 된다. 이럴 때면 마치 부유(腐儒)를 보는 듯한 인상을 받고는 한다. 위선적인 명분이 판 치는 세상에서는 자연히 변화를 두려워하게 마련이다. 오직 현실에서의 기득권이나 누리려는 이들이 많아진다면 그 사회나 집단은 희망이 없다. 위선의 발을 걷고 좀더 솔직해졌으면 좋겠다. 세상은 하루가 다르게 변화했지만 밥그릇 챙기기에만 골몰하다가 나라를 송두리째 빼앗겨 버리고 말았다. 그러나 아무도 책임지지 않고 일제 탓만 하면 되는 것이었다. 이렇게 간편하게(?) 처리하는 경우도 있구나 싶었다. 그렇지만 이제는 냉엄하게 타산지석(他山之石)으로 삼아야 할 일이 아닐까? 그것은 결단코 남의 일이 아니기 때문이다.

"대학은 왜 변화해야 하나?"는 질문에 오늘 서거석 전북대학교 총장의 말이 뇌리에 남는다. "대학이 지역과 국가의 경쟁력을 좌우하기 때문이다. 대학이 정체되면 지역과 국가의 경쟁력이 떨어진다. 마지막까지 살아남는 종(種)은 우수한 종이 아니라 변화하는 종이라고 다윈(Darwin)은 말했다. 쉼 없이 대처하며 변화해야만 끝까지 살아남는다."

「한국전통문화학보」 57, 2009. 6. 18.

한·일관계
새로운 100년과 역사 매듭 풀기

최근 의미심장한 보도가 있었다. 제2기 한·일역사공동연구위원회에 따르면 고대 일본이 한반도 남부의 가야를 200년간 지배했다는 소위 임나일본부설의 폐기에 합의했다는 것이다. 이 보도를 접하면서 한·일강제병합 100주년을 맞이하는 뜻깊은 시점에서 남다른 감회에 젖게 된다. 진실은 승리한다는 철칙이 확인되었기 때문이다.

사실 임나일본부설의 망령은 지난 19세기 후반부터 한국민족을 지긋지긋하게 괴롭혔다. 일제가 한반도를 지배하는 정한론(征韓論)의 호재로서는 적격이었기 때문이다. 이는 일제의 한반도 강탈은 침략이 아니라 과거의 지배를 되찾는 것에 불과하다는 오도된 인식을 심어주었다. 실제 이러한 주장은 영국의 유수한 신문인 「런던타임즈」(1897년 9월 17일)에 이어 중국의 잡지 『시무보 時務報』에 전재되기까지 했다. 이렇듯

●『서울신문』 인터넷판 헤드라인 기사

임나일본부설은 한국 민족에게는 독립에 대한 열정과 의지를 송두리째 박탈할 수 있는 '역사적 근거'로서 한껏 악용되었다.

  이와 관련해 일제 강점기의 교과서에 수록된 신공황후의 신라정벌 상상도가 상기된다. 신라 해변에 상륙하여 어깨에 화살통을 멘 군복 입은 신공황후의 왼손에는 긴 활채를 내려뜨려놓고, 오른 손은 이마에 대고 멀리 응시하며 정찰하는 삽화인 것이다. 단 한 장의 삽화가 주는 강렬한 인상과 더불어 황국사관에 입각한 『일본서기』의 관련 내용은 한국인들을 끝없는 절망감에 빠지게 하거나 분노하게 만들었다. 전후에 간행된 일본 국사 교과서에도 관점은 여전히 바뀌지 않았다. 오히려 영악할 정도로 세련된 논조를 구사하며 파고들었다. 즉 일본열도를 통일한 야마토 조정은 4세기 후반경 기술 노예와 선진 문물 및 철자원의 획득을 위해 한반도 남부로 진출하여 가야를 자국 세력하에 두었다는 것이다.

허구로 가득 찬 임나일본부설을 붕괴시키기 위해 '일본열도내 삼한분국설'을 비롯한 숱한 학설이 남북한에서 쏟아졌다. 그럼에도 임나일본부설은 철옹성처럼 군림했다. 그러던 망령이 한국과 일본 학자들간의 공동 연구를 통해 걷히고 만 것이다. 더불어 한·일 양국의 지성과 양식이 살아 있다는 사실도 확인되었다. 이로써 자국의 입장만 강요하던 일방통행식 연구에서 벗어나 정직한 역사 해석이 가능하다는 공감대를 구축한 것이다. 이것만으로도 큰 수확이요 성과가 아닐 수 없다. 그랬기에 왜구의 주요 구성원이 일본 학계에서 주장하던 것처럼 한국인이 아니라 일본이라는 사실과, 일본열도의 벼농사와 금속문명이 한반도에서 전래되었다는 사실에도 의견 일치를 보았다.

이제는 한일병합과 관련한 근대사 문제에 대한 진실 규명이 이루어져야 할 순서인 것 같다. 불법이었던 을사늑약과 독도 영유권 문제 등 근·현대사의 숱한 부분에서 양국은 여전히 커다란 시각차를 보이고 있다. 그러나 일본이 한반도 진출의 역사적 근거로 여겼던 임나일본부설의 종언은 비록 구속력은 없다지만 그 자체가 지닌 상징성만으로도 큰 파급 효과를 지녔음은 부인할 수 없다. 임나일본부설에 연원을 두었던 그 뒤의 모든 불행한 사건들에 대한 진실 규명도 실타래 풀리듯 의외로 쉽게 해결될 수 있기 때문이다.

합의되지 않은 사안은 역사관의 차이로만 돌리기 보다는 상대측의 공감대를 유도하거나 진실 규명을 위한 노력이 부족했다고 생각하면 안될까? 이제 선수는 우리가 쥐었기 때문이다. 소위 임나일본부의 운영 주체로 새롭게 지목된 안라(安羅)가 있던 경남 함안 지역을 학생들과 종일 답사하고 온 날이라 소회가 더욱 각별한 것 같다. 한술 밥에 배 부를 수야 없지만, 시작이 반이라는 말도 있다.

이제 한·일 간의 과거사를 바로 잡고 편향된 역사인식을 교정할 수 있는 역사 매듭풀기의 시작으로 본다. 인내와 시간이 필요하겠지만 역사의 사필귀정을 믿기 때문이다. 이번 합의를 지나간 한·일관계 100년의 악몽을 반전시킬 수 있는 미래 100년의 서곡(序曲)으로 간주한다면 몽상일까?

「서울신문」 2010. 3. 26.

● 2010년 3월 24일 문화유적학과 학생들과 함안 도항리 고분군 앞에서

백제 무녕왕과의 인연

1

4월 23일부터 25일까지 2박 3일 간 1학년 학생들과 전라남도 지역 답사를 하였다. 마지막 날 목포 문예역사관을 관람하였다. 고교시절 국어책에 게재되었던 목포 출신의 유명한 극작가 차범석 선생에 관한 소개가 있었다. 마침 부착된 판넬 사진에 인민군복을 입은 서너 명의 인물들과 더불어 또 몇몇의 인물을 비롯해서 차범석 선생의 젊은 날의 얼굴이 눈에 잡혔다. 화장을 한 모습을 보니까 배우들이 틀림 없는데, 스치는 생각이 차범석 선생이 6.25 때 부역을 했다는 건(件)이었다. 혹 인공 치하 때의 사진인가 하는 생각도 들었지만, 모두 동일한 사진이 방 한 곳에 2장이나 부착되었음에도 아무런 설명이 없었다.

상경한 다음 날인 일요일에 교보문고에서 『차범석의 희곡

연구』라는 책을 들추어 보았다. 역시 부역한 바람에 그가 유치장 생활을 잠시했던 것이 확인되었다. 그러나 그 사진은 캡션이 달리지 않은데다가 1940년대를 설명하는 칸의 맨 밑에 적혀 있어서 어떤 상황에서의 사진인지 알 수 없었다. 다만 차범석 선생이 '산불'을 비롯한 빨치산을 소재로 한 희곡을 지은 바가 있기 때문에, 그 배우들과 촬영했을 가능성이 높지만, 그것은 모두 1950년대와 그 이후의 일에 속한다.

2

서점에 들른 김에 금년에 간행된 백제 고고학 관련 성

●목포 문예역사관에 게시된 차범석 선생의 모습

과를 특집으로 한 책자를 열어 보았다. 개괄적으로 연구 성과를 서술한 '원로'의 글을 일별하면서 무녕왕릉 매지권 발굴을 통해 얻은 성과를 정리한 구절에 눈길이 멎었다. 이 글에서 25대 무녕왕과 24대 동성왕은 이복형제 사이라는 사실이 밝혀졌다고 했다. 이와 관련해 나와 백제사와 인연을 맺은 일이 문득 상기되었다. 대학교 3학년 봄에 '신라가요 강독'을 수강하려다가 시간이 맞지 않아서 지금은 대한항공에 근무하는 친구 노원욱과 함께 홍기삼 교수의 '현대소설강독'을 수강한 바 있다. 이때 과제로 소설을 짓는 과정에서 주인공으로 설정한 성왕의 아버지인 무녕왕의 나이를 확인하였다. 무녕왕릉 매지권에 무녕왕은 계묘년(523) 5월 7일에 62세로 사망한 것으로 적혀 있었다. 역산해 보니까 무녕왕은 462년에 출생한 것이 된다. 이 과정에서 무녕왕의 계보에 대한 기록이 3건이나 된다는 사실을 확인했다. 여기서 무녕왕이 동성왕의 둘째 아들이라는 『삼국사기』 기사는 천부당만부당하다는 사실을 발견했다. 무녕왕은 동성왕의 배다른 형인 것이다. 나는 그때 득의에 차서 역사 교사인 선친에게 『삼국사기』 백제 왕계의 잘못을 조목조목 적은 노트를 보여주며 세상을 다 얻은 기분을 누렸다. 이때 발견한 사실을 토대로 한 논문은 대학 졸업 논문이 되었다. 그리고 교지(校誌)에 게재된 관계로 대학 재학 중 두 번째 원고료를 받았다.

그런데 마침 계명대학교에서 전국 대학생 논문 현상공모를 하였다. 은사께서 제출하라고 권유하면서 지금은 고려대학교 교수로 재직하고 있는 조광 교수님께 한번 보이라고 하셨다. 이로 인해 나는 조광 교수님과의 고귀한 인연을 맺게 되었다. 혈기 넘치고 오만한 학생 시절 나의 모습을 기억하고 계시는 분 가운데 한 분이 된 것이다. 조광 교수님께서는 입가에 미소를 머금은 채 나지막한 소리로 '소탐대실' 말씀을 하셨다. '소탐'은 상금과 명예를 가리키는 것이었다. 선택의 공을 내게 넘기셨다. 반드시 입상하여 자랑하려고 했지만, 논문은 제출하지 않았다. 이때의 결정을 훗날 두고두고 잘한 처신이었다는 생각을 갖게 되었다. 이 논문은 석사 학위논문의 근간을 형성하였고, 지금부터 꼭 25년 전 봄날 공개발표된 후 『한국사연구』 45집에 수록되었다. 나는 한국사연구회 월례 발표에 나와달라고 아까 전에 언급했던 그 '원로'에게 전화까지 하였다. 실제 그 원로는 내가 발표하는 현장에 나왔지만 아쉬워하는 기색이 역력했다. 짐작컨대 '나는 왜 그 생각을 못했을까? 저 ×에게 선수를 빼앗겼다!' 뭐 그런 것이 아니었을까 싶다. 그 논문이 나온 후부터 나의 독점적인 위상은 부인할 수 없었다. 백제사의 '권위'인 계명대학의 노중국 교수도 나의 그 논문을 열심히 인용해 주었기 때문이다. 대학 3학년인 내가 찾아서 복원해준 무령왕의 계보였다.

●무녕왕릉 내부 현실 모습 모형

3

　무녕왕 관련 인터뷰나 학술 행사가 있게 되면 자주 등장하는 또 다른 원로가 있다. 이 분을 비롯해서 많은 연구자들이 무녕왕의 사망을 523년 5월로 적은 『삼국사기』기사의 신빙성이 높아졌다고 주장했다. 매지권의 기록과 부합된다는 것이다. 이런 논리로 한다면 "계묘년 5월에 백제왕 무녕이 돌아가셨다(癸卯年五月 百濟王武寧薨)"라고 적은 『일본서기』기사의 신빙성도 높아졌다고 말해야 맞다. 문제는「무녕왕릉 매지권」을 통해 『삼국사기』의 신빙성이 아니라 취약점이 만천하에 폭로되었다는 점이다. 2~3세기대도 아니고 5~6세기대를 시간적 배경으로 한 국왕의 호적이 잘못되었다는 사실이 드러났기 때문이다. 왕조시대에 국왕이 될 수 있는 자격 요건은 능력이 아니라 어디까지나 혈통의 순도인 것이다. 직계냐 방계냐, 적자냐 서자냐 하는 혈통이 즉위의 1순위인 것은 말할 나위 없다. 국왕이 될 수 있는 잠재적 권리를 가진 숱한 왕자들을 제끼고 즉위했을 때 초미의 관심사는 누구의 아들이냐? 누구의 몇 째 아들이냐였다. 틀릴래야 틀릴 수 없는 사안이 국왕의 호적인 것이다. 그러나 『삼국사기』는 동성왕의 배다른 형인 무녕왕을 동성왕의 둘째 아들로 적어놓았다. 형을 동생의 아들로 적어 놓은 것이다. 긴 말이 필요 없이 무녕왕릉 발굴을 통해 『삼국사기』의 신빙성이 높아진 게 아니라 아주 크게 떨어졌음을 폭로한 셈이다. 「창왕 사리감 명문」을 보면 "백제 창왕 13년 정해(丁亥)"라고 한 데서 짐작할 수 있듯이 당시 연호를 사용하지 않았던 백제에서는 국왕의 즉위 원년은 연표에 해당하며, 또 백제사의 척추뼈에 해당한다. 이처럼 막중한 국왕의 계보 문제가 오류를 보이고 있는 게 『삼국사기』였다. 동시에, 이 사서의 한계를 말해 주고 있다.

4

1천 4백년의 긴 잠을 깨고, 그것도 처녀분으로 무녕왕

● 영구 폐쇄된 무녕왕릉 입구

의 유택은 세상에 모습을 드러 냈다. 그런 지도 40년이 되어 간다. 무녕왕릉은 백제 역사 문화를 구명할 수 있는 보고(寶庫)였다. 열심히 들락거렸던 무녕왕릉이 폐쇄된 지도 어언 10년이 넘었다. 그러나 '폐쇄'는 미봉에 불과하지 않을까? 지금 이 시각에도 훼손되고 있는 무녕왕릉을 보존·관리할 수 있는 특단의 대책은 없을까? 너무 무심하게 지내 온 것 같아 보존대책을 상기시키려는 차원에서 나와 무녕왕에 얽힌 인연을 꺼내 보았다.

「한국전통문화학보」 56, 2009. 5. 15.

부여군의 정체성 확립에 관한 제언

1

부여군(扶餘郡)하면 '패망한 나라의 수도였다'라는 관념이 얼른 연상된다. 부여 땅을 찾는 이들은 의자왕과 삼천 궁녀를 떠 올리는 경우가 많다. 그러니 관광객이 낙화암과 고란사를 제일착으로 찾는 일이 우연하지 만은 않아 보인다. 낙화암은 국망(國亡)에 대한 슬픈 정서를 자아낸다. 그러다 보니 백제 왕도였던 부여는 우수 어린 고도(古都), 밀려난 도시라는 퇴영적인 인상이 지배하게 되었다.

백제 왕도 부여군에 드리워진 칙칙한 그늘을 벗겨야겠다는 생각을 할 때가 많다. 먼저 '부여'라는 지명 유래부터 바로 인식시켜야겠다. 부여라는 행정지명은 백제인들 자부심의 발로였다. 그럼에도 왜곡된 역사 인식으로 인해 열등감만 조장하고는 했다. 가령 백제는 고구려 시조인 주몽왕의 아들 온조가 내려와 건국한 것으로 알려졌다. 교과서에도 그렇게 적혀 있다. 그러나 온조는 역사서에 무려 5명이나 등장하고 있는 백제 시조 가운데 한 사람일 뿐이다.『삼국사기』에는 백제 시조로서 온조와 비류 두 명이 기록되어 있다. 그런데 온조와는 달리 비류는 북부여 해부루왕의 서손(庶孫)인 우태의 아들이라고 했다.

『삼국사기』만 보더라도 2명의 시조가 등장한다. 시조의 계통도 고구려계와 부여계로 나누어진다. 이 경우 어느쪽 기록이 맞을까? 이것을 따지기도 전에 작은 글씨로 적힌 비류 설화와는 달리『삼국사기』본문에 굵은 글씨로 적힌 온조 설화를 그대로 취신하고는 한다. 고구려 시조의 아들이 쫓겨 내려와 건국했다는 인식을 받아들이게 되었다. 그러다 보니 백제는 고구려의 곁가지요, 작은 집일 뿐이다. 백제는 정통성이 없다. 심지어는 백제가 고구려 고국원왕을 전사시켰음에도 평양을 점령하지 않은 이유는 백제 왕실이 태생적으로 가질 수밖에 없는 열등의식의 표출이라는 엉뚱한 해석까지 나왔다. 이처럼 백제에 대한 부정적이고 왜소한 이미지를 결정한 '주범(主犯)'은 온조 설화를 채택한 데 말미암았다. 그러나 정작『삼국사기』를 편찬한 김부식은 어느 전승이 옳은지 판단이 서지 않아 두 전승을 함께 수록하였다. 그는 "어느 것이 옳은지 모르겠다"고 실토했다. 때문에 두 설화의 증거 능력을 일단 50 : 50으로 받아 들이면서 접근해야 마땅하다.

그런데 건국설화를 연구하는 학자들에 따르면 온조 설화가 비류 설화보다 후대에 생성되었다고 한다. 이 사실은 온조 설화의 증거 능력이 비류 설화보다 떨어짐을 알려준다. 다시 말해 비류 설화의 사료적 신빙성이 온조 설화보다 높다는 이야기가 된다. 곧 백제 건국 세력은 고구려가 아닌 부여 계통임을 뜻한다. 실제 나머지 3곳의 시조 전승은 모두 부여 계통이다. 5명의 백제 시조 가운데 부여계 전승이 고구려보다 4 : 1로 월등히 앞선다.

● 2008년 백제문화제 때 선보였던 백제 왕궁 형상의 루미나리애

2

　　백제 건국 세력의 계통이 부여임은 근거가 많다. 일단 백제 왕실의 성씨가 부여씨임을 들 수 있다. 『삼국사기』에 보면 "백제는 고구려와 함께 부여에서 내려 온 까닭에 부여로 씨(氏)를 삼았다"고 했다. 그러니 의자왕의 이름표는 '부여 의자'인 것이다. 성씨인 '부여'는 백제 왕실의 선조가 부여에서 왔음을 반증한다. 주몽의 후손이 백제를 건국했다면 '고(高) 의자'가 되었어야 마땅하다. 그런데 만주 지역에 소재한 부여 왕실의 성씨로서 부여씨가 확인되고 있다. 부여는 동부여니 북부여니 하여 복수로 존재하였다. 370년경 부여 왕실의 성씨로서 부여씨가 포착되었다. 이 사실은 백제 건국 세력의 근원이 부여 왕국이었음을 각인시켜 준다. 물론 타임머신을 타고 시간을 거슬로 올라가 백제인에게 물어 보면 분명히 밝혀질 일이다. 그러나 현실적으로 타임머신을 탈 수가 없지 않은가? 아니 탈 필요도 없다. 한 나라의 최고 통수권자인 국왕이, 그것도 당대의 외교 문서에서 밝힌 기록을 접할 수 있기 때문이다. 이것보다 신뢰 높은 기록이 어디 있겠는가?

　　472년에 개로왕이 북위(北魏)에 보낸 국서에 보면 "저희는 근원이 고구려와 함께 부여에서 나왔습니다!"고 했다. 백제왕이 자신들의 뿌리를 부여에서 찾았다. 혹자는 이 부여는 졸본부여일 것이다. 졸본부여는 곧 고구려를 가리킨다며 아는 체 할 수 있다. 개로왕이 "저희는 근원이 부여에서 나왔습니다"라고만 했다고 하자. 그러면 이런 주장이 용수철처럼 튀어 나왔을 법하다. 그러나 개로왕은 "고구려와 함께"라고 분명히 말했다. 그러니 백제의 졸본부여(고구려) 기원설은 맞지 않다. 당시 개로왕은 백제와 고구려가 뿌리를 함께 부여에 둔 대등한 관계임을 천명하였다. 중국의 역사서에서도 백제를 '부여의 별종(別種)'이라고 했다. '별종'은 지파(支派) 곧 갈래를 뜻한다. 백제 건국 세력은 고구려가 아니라 부여 왕국의 한 갈래라는 것이다.

538년에 백제 성왕은 사비성으로 천도하였다. 그와 동시에 국호를 '남부여'로 고쳤다. '남쪽에 있는 부여'라는 의미가 되겠다. 성왕이 남부여 곧 부여를 칭할 때는 이 세상에 북부여니 동부여니하는 부여계 국가들이 모두 사라진 후였다. 이들은 죄다 고구려에 병합되었다. 그러나 성왕은 국호를 바꾸면서까지 부여로부터 내려오는 역사적 법통을 백제가 계승했음을 대내외에 천명했다. 곧 "부여는 죽지 않고 여기 살아 있다!"는 사실을 선포한 것이다. 백제 왕실은 고구려와 대등하다는 차원을 넘어 부여계 국가의 본류임을 표출했다. 즉 백제인들은 부여 시조를 자국 시조로 끌어당겼다. 그럼으로써 백제인들은 동일하게 부여인들이 건국한 고구려에 대한 우월감을 가졌다.

역사 속의 단상

● 백제 때 신선이 날아다녔다는 3산 가운데 하나인 일산인 금성산에서 내려다 본 부여 읍내 전경. 건너편에 3산의 하나인 부산이 보인다.

 백제가 망한 지 천 수백년의 세월이 흘렀다. 백제의 마지막 왕도였던 사비성은 여전히 '부여군'으로 일컫고 있다. 백제를 멸망시킨 신라인들이 사비성을 '부여군'으로 편제하였다. 그들도 백제의 뿌리가 부여라는 사실을 눈치 챘기에 백제와 등가치인 '부여'라는 국호로 군(郡) 이름을 삼았다. 신기한 사실은 그 이후로 부여라는 지명이 단 한번도 바뀌지 않은 채 오늘까지 면면히 내려왔다는 것이다. '부여군'이라는 지명은 백제의 뿌리만 알려주는 게 아니다. 고조선과 쌍벽을 이루는 유구한 역사와 찬연한 문화를 남긴 부여 왕국의 존재를 오늘도 반추시켜준다.

3

　온조 설화에 따른 '고구려의 곁가지'라는 이미지로 인해 백제는 부당하게 왜곡되었다. 부여군의 정체성 확립 차원에서 몇 가지 운동을 전개해야 할 것 같다. 우선 부여 왕국의 수도가 소재하였던 중국 길림성 길림시와 자매결연을 맺는 일이다. 길림시와 부여군은 부여 왕국의 시작과 끝이 되는 장소이다. 물론 그 '끝'은 성왕에 의해 부활되었다. 21세기의 부

● 중국 길림성 길림시에 소재한 용담산성 위에서 내려다본 부여 왕성인 동단산 남성자 일대. 오른 편으로 멀리 송화강이 길림 분지를 적시며 흘러 가고 있다.

여군은, 그 옛날 부여 왕국의 휘황한 전통에 대한 계승을 긍지로 삼아 부여계 국가의 적자(嫡子)로 거듭나야 한다. 백제라는 한 국가 차원을 넘어 부여에서 연원한 고구려를 비롯한 여타 부여계 국가의 본류로서 당당한 행보를 보여야 할 것이다. 성왕은 부여적인 정체성을 찾기 위해 노력하였다. 부여군도 근원적인 큰 틀 속에서 거시적으로 새로운 판을 짜야 할 것 같다. 부여군이 동북아시아의 중심 도시로 발돋음해야 된다는 것이다.

부여 왕국이 처음 자리잡은 곳이 현재 중국 길림시에 소재한 녹산(鹿山) 즉 사슴산이었다. 사슴을 퉁구스어에서 '푸유'라고 일컫는다. 이 '푸유'를 한자로 옮긴 게 '부여'였다. 부여 국호는 사슴에서 기원했던 것이다. 이렇듯 사슴을 가리키는 푸유 즉 부여는 지금도 '부여군'으로 어엿하게 살아 있다. 송화강유역에 자리잡은 동아시아의 노대국(老大國)인 부여 왕국에서 남부여로 이어지는 자랑스런 정체성 확립 차원에서라도 그러한 국호의 기원이 되었던 사슴을 부여군의 동물로 선정해도 괜찮을 것 같다. 예로부터 사슴은 하늘과 연결되는 영적인 힘을 지닌 동물로 간주되어 왔다. 그리고 백제의 별칭(別稱)으로 응준(鷹準)과 응유(鷹遊)가 보인다. 모두 매[鷹]와 관련된 이름들이다. 그러니 해동청을 부여군의 군조(郡鳥)로 지정하면 어떨까 싶다.

하늘의 뜻을 받고 민심을 하늘에 전하는 매개체로서 사슴, 먹이를 찾아 매서운 기세로 창공을 힘차게 가르는 매, 21세기 부여군의 리더와 군민의 기상으로서 적격이 아닐 수 없다. 이제 부여군은 멸망한 나라의 왕도라는 어두운 정서에서 과감히 벗어나야 한다. 그 옛날 성왕이 이곳에서 국가 중흥을 이루었다. 그렇듯이 우리도 백제의 영광과 세계화된 국제적 도시로서 부여군의 위상을 복원해야 한다. 이것은 단순한 문화재 복원 차원이 아니다. 부여군의 사회적 위상을 높이는 일이라야 한다. 그러기 위해 부여군의 정신적 동력(動力)을 저 멀리 부여 왕국에서 찾아 보았다. 정신적 동력은 자부심과 긍지가 되는 것이다. 부여 왕국에서부터 면면히 내려오는 정신적 자산의 총합(總合)으로서 부여군은 우뚝 자리잡았다. 이제 웅비(雄飛)하는 부여군을 만들기 위해 우리 군민들은 불같은 열정이 필요할 것 같다. 21세기형 선진 부여군으로 환골탈태하기 위해서이다.

「백제의 꿈」 2008. 3.

02 무엇을 위해 사는가?

이도학 에세이 | 누구를 위한 역사인가

봄밤의 단상과 '부여' 노래

1

나는 봄밤을 몹시 좋아한다. 싱그러운 봄날 밤은 감미롭기 이를 데 없다. 오늘 밤에도 봄을 누리기 위해 느린 걸음으로 교정을 한 바퀴 돌았다. 아직 꽃내음은 맡지 못했다. 그래도 봄밤은 아련한 추억 속으로 빠지게 하는 마력을 지녔다. 이런 봄밤이면 흥얼거리던 노래가 있다(아래의 노랫말은 현대 맞춤법으로 통일했다).

1. 따뜻한 봄날에 동무들과
   百濟의 옛서울 찾았더니

   無心한 구름은 오락가락
   바람은 예대로 부는구나.

2. 扶蘇山 얼굴은 아름답고
　　우는 새 소리도 즐겁도다

　　城趾는 지금도 半月이란
　　이름과 한 가지 남아있다.

　나는 3·3·4조의 느린 가락으로 된 1절과 2절의 애잔한 노랫말을 흥얼거렸다. 그럴 때마다 노랫말의 정경이 피어오르곤 한다. 오늘처럼 눈이 부시게 화사한 봄날이었을 것이다. 여러 날을 벼르다가 큰맘 먹고 동무들과 물어물어 부여

●노랫말에서 '성터는 지금도 반월이란~~' 라고 읊조렸던 사비 나성의 모습

땅을 찾았던 것 같다. 1절에서는 산천은 변한 게 없지만 왠지 쓸쓸한 감회가 일렁이게 한다. '백제의 옛 서울'에서 영화의 자취일랑 찾을 길 없다. 모든 게 덧 없다는 느낌만 준다. 2절에서는 그래도 부소산은 객들을 반갑게 맞는다. 봄나들이에 대한 흥취를 "우는 새 소리도 즐겁도다"로 표출하였다. 그리고 반월성이라는 이름은 그대로 간직한 채 남아 있는 성터를 발견하게 된다. '백제의 옛 서울'을 묵묵히 지켜 왔던 그 성터인 것이다. 순간 반가움과 사무침이 가슴을 뭉클하게 했을 법하다.

2

나는 이 노래를 국민학교 때부터 알았다. 부모님이 간간이 부르는 노래라서 자연스럽게 익혔다. 양친이 국민학교 다닐 때 불렀던 노래라고 한다. 십여 년 전 봄날 부소산을 탐방했을 때였다. 백화정 밑에서 비감한 어조로 이 노래를 불렀더니 일행들이 몹시 좋아하였다. 내가 쓴 책이나 잡지 글에도 이 노래가 언급되었다.

이제는 노래의 제목과 지은이를 알고 싶었다. 나의 책을 출판한 적이 있는 출판사의 사장에게 이 노래를 물어 본 적이 있다. 그랬더니 뜻밖에도 그는 알고 있었다. 즉석에서 적어 주는데 7절까지인가를 일필휘지로 적어 주었다. 칠순이 넘은 그 분도 국민학교 때 불렀다고 한다. 그 분의 기억력에 탄복하였다. 동시에 이 노래가 인상 깊게 두루 회자되고 각인되었음을 알 수 있었다. 실제 팔짝팔짝 뛰는 여학생들의 고무줄 놀이에도 즐겨 불렸던 추억의 노래라고 한다.

20세기 우리 나라 주역의 대가인 대산(大山) 김석진(金碩鎭) 옹의 회고록에도 이 노래가 보인다. 즉 "무심히 흐르는 백마강과 탁트인 정경 속에 내 마음도 따라 흘려 보내다 문득 십수년 전 왜정 때 심상소학교 조선어 시간에 배운 백제의 노래가 생각났다. 기억을 더듬어 이를 소개해 보면…"라고 하면서 이 노래의 4절까지를 기억하였다. 김석진 옹은 1928년 생이다. 또 10여 년 전에 나의 집에서 술판이 벌어진 적이 있었다. 그때도 기분 좋은 봄날이었는지 흥에 겨워 이 노래

● 백제의 옛 서울을 찾았던 역사과 졸업반 대학생들· 정장 차림이 이채롭다· 정림사지 오층탑 앞에서 1956년

를 불렀다. 그러자 곁에 있던 교우가 "어떻게 이 노래를 아냐?"면서 자신은 한림대 사학과 다닐 때 유영익 교수에게 배워서 과가(科歌)처럼 불렀다고 했다. 며칠 전 수업 중에 이 노래를 이야기하고 노랫말을 낮은 소리로 읊조렸다. 그랬더니 김승현 군의 조부가 84세인데, 이 노래를 소학교 시절에 불렀다면서 지은이를 알고 싶어한다고 했다. 숱한 이들에게 사랑받은 노래임을 알 수 있었다.

3

노래를 추적한 결과 제목은 '부여'라는 시(詩)였다. 총 10절까지 있다는 사실과 노랫말도 모두 확인하였다. 그러나 지은이와 작곡한 이는 아직껏 알 수 없다. 그렇지만 해방 이후에도 교과서에 실렸던 것 같다. 4절에서 '평제탑'을 '오층탑'으로 고쳐 부른 게 그것을 뜻한다. 여하

● 『조선어 독본』 부여 편에 게재된 낙화암과 고란사 그리고 백마강 삽화

무엇을 위해 사는가? 83

간 옛 교과서를 추적해 보면 전모가 드러나지 않을까 생각했다. 결국 이 노래가 조선총독부에서 1933년에 간행한 보통학교 4학년 2학기용 『조선어 독본』에 5절까지 수록된 사실을 찾아냈다. 이 책에는 낙화암과 고란사 밑을 흐르는 백마강과 정림사지 오층탑 그림이 각각 수록되어 있었다. 그러나 지은이는 여전히 확인할 수 없었다.

4

'부여'라는 시에는 나라 잃은 시절에 망한 나라의 옛 서울을 찾아 간다. 또 그곳에서 기막힌 심회를 토로하였다. 그러면 3절부터 6절까지 계속 소개해 보자.

3. 白馬江 맑은 물 흐르는 곳
　　落花巖 絶壁이 솟았는데

　　꽃처럼 떨어진 宮女들의
　　길고 긴 원한을 멈췄으리

4. 古色이 蒼然한 平濟塔은
　　외로이 섰지만 이 近傍은

　　큰 절의 옛터라 傳하도다

높으신 스님도 계셨으리

5. 반갑다 扶餘땅 山川草木
　　모두다 懷舊의 감이로다

　　떨어진 기왓장 한쪽에도
　　千年前 文化꽃 향기롭다.

6. 皐蘭寺 정겨운 風磬소리
　　清雅한 木鐸音 듣기는 좋다

　　千年을 이어서 울리건만
　　듣는 이 지금은 나 홀로뿐

　위의 시에서 정림사지 오층탑과 기왓장을 통해 찬연했던 백제 문화를 회상하고 있다. '반갑다'로 시작하는 5절에서 두드러진다. 은연 중 자기 문화에 대한 긍지가 엿보인다. 이 책의 해설서인 『조선어과통해 朝鮮語科通解』에 보면 5절을 풀어서 다음처럼 소개했다. 즉 "반갑도다. 부여 땅의 산천과 초목들을 볼 때에 모두다, 옛날 백제 때 생각이 나는 도. 지금 땅에 떨어져 있는 기왓장 한쪽에도 천년 전 백제 때에 만든 문화꽃의 향기가 나는 도다"라고 하였다. 그러면서 '문화꽃'

을 "옛날 백제에 문화가 열렸을 적에 만든 기와를 꽃에 비유하여 한 말이다"고 풀이했다. 그렇지만 6절의 "듣는 이 지금은 나 홀로 뿐"이라는 구절을 보자. 고적(孤寂)함을 통해 주인 잃은 식민지의 처연한 현실을 상기시킨다. 7·8·9·10절에서는 백제 멸망의 처절한 순간을 회상하고 있다. 아련한 그리움과 울분이 두레박질하였을 시인의 모습이 상기된다.

5

지은이도, 곡을 붙인 이도 모르는 노래였다. 그럼에도 나는 즐겨 홍얼거렸다. 이제 악보도 찾아 '부여의 노래'로서 널리 보급시킬 필요가 있을 것 같다. 잊혀진 노래, 묻힐 뻔한 노래이다. 그러나 이제 발굴하여 예전처럼 국민들의 사랑을 받게 했으면 하는 바람이다. 그리고 이와 관련된 더 많은 자료를 찾아 볼 생각이다. 만감이 교차하는 꿈결같은 봄밤의 심회였다. 3월 17일 밤

「한국전통문화학보」 49, 2008. 4. 14 .

追記 : 참고로 본 시를 부여 지역에서는 춘원 이광수의 작품으로 전해 오고 있다. 춘원의 부여 관련 시로는 '낙화암'이 있지만, '부여' 시는 『이광수전집』에서 확인되지 않는다. 그렇다고 다른 시인의 시로 밝혀진 것도 아니다. 삼중당 출판국

에서 간행한 『이광수전집 月報(1963. 11. 10)』에서는 "욕심 같아서는 死藏되다시피 되어 아직도 發見되지 못한 春園의 作品을 좀더 찾아 補遺欄에 넣고 싶었고, 더우기 春園의 作品題目까지 알았으면서도 끝내 그 作品의 所載誌를 얻지 못해 不得已 收錄치 못했음은 編輯子(耆의 誤記 ; 필자), 讀者가 함께 哀惜해할 일입니다"고 실토했다. 따라서 상기한 '부여' 시는 전집에서 누락된 사례에 속할 수 있다는 여지를 남겨 놓았다.

 이 시는 해방 후에 문교부에서 발행한 국민학교 5학년 국어 교과서에도 수록되어 있다. 차제에 부여와 백제를 노래한 한시(漢詩)를 비롯한 모두 시가와 유행가 및 기행문을 집대성하여 간행하는 작업이 긴요하다고 본다. 백제문화제가 지역의 정체성 찾는 작업이기도 해서 소개하여 보았다.

책 사태(沙汰)에 관한 단상

정민 교수 연구실

며칠 전 한양대 국문학과의 정민(鄭珉) 교수를 일부러 만났다. 외형적으로는 막 출간된 필자의 저서를 주기 위한 목적이었다. 그러나 기실은 그것을 구실로 정 교수의 근황을 탐지하고자 한 데 있었다. 정 교수는 끊임없이 작업을 하고 있다. 만나면 작업 중인 작품을 이야기하면서 "가가가가" 웃고는 한다. 저서 작업이 진척되고 있음을 뜻하는 회심의 웃음인 것이다. 십여년 전부터 정 교수는 저서를 꾸준히 출간하고는 하였다. 그때 내심 저서 경쟁을 한 번 해 볼까 다짐했었다. 그러나 이제는 감히 쳐다 볼 수도 없을 정도로 필자를 멀찌감치 따 돌린채 앞서 나가고 있는 게 아닌가? 더구나 정 교수는 베스트셀러 작가로서 명성까지 만천하에 떨치고 있다. 다만 자위하는 것은 논문 편수만은 필자가 정 교수 보다 월등히 많지 않겠는가 막연히 생각해 본다. 그러나 필자의 논문들은 역시 공해(?)에 불과한 글들이 태반이 아닐까 싶다.

정 교수의 연구실에는 2중으로 책장을 설치했다. 250만원 들여 공사를 해서 레일을 깔았던 것이다. 그리고 많은 책들을 관련 연구자나 제자들에게 나눠주었다고 한다. 현재 정 교수가 쾌적한 연구실 상태를 유지한 배경이 된다. 이렇듯 '먹물'들에게 가장 신경 쓰이는 것은 눈덩이처럼 불어나는 책사태이다. 이게 사실 보통 문제가 아니다. 연구실 공간은 고정되어 있는데, 책은 줄지는 않는다는 속성을 지니고 있기 때문이다. 작년에 필자가 구입하거나 얻은 책 숫자만 해도 718권이었다. 그러니 연구실 바닥에까지 책을 쌓아 놓을 수밖에 없었다. 방에 들어오는 사람들은 쌓아놓은 책 더미 사이로 간신히 몸을 빼서 들어 온다. 방문객들에게는 여간 결례가 아닐 수 없다. 더구나 책을 찾을라치면 어디에 꽂아 두었는지 찾을 길이 없어 보통 3~4 시간을 허비하곤 한다. 그나마 찾으면 다행이지만 그렇지 못하면 공연한 시간 낭비에 기분까지 씁쓸해지는 것이다. 이번 학기에도 작년에 국립중앙박물관에서 특별전 기념으로 간행한 고려시대 묘지명 관련 책자와 『유수 노하심』 보고서는 결국 찾지 못하였다. 특히 후자의 중국 보고서는 2권이나 가지고 있으면서도 어디에 숨어 있는지 끝내 나오지 않았다. 혹시 학생이 빌려 가서 가지고 오지 않은 것인가? 잡다한 생각만 머릿 속을 맴돌 뿐이었다. 그러나 원인은 정리·정돈을 깔끔하게 하지 않았기 때문인 것이다.

영풍문고에서 고른 책

그러니 연구실의 서가가 정돈된 이들을 보면 내심 부럽기도 하다. 어떤 교수 방에 가면 동일한 출판사별로, 또 책의 키대로 가지런히 유리책장 안에 꽂혀 있는 모습을 보곤 한다. 나도 언젠가 저렇게 정돈된 서가를 가지게 될까 생각하지만 요원한 일이라고 본다. 일단 책 욕심을 없애야하는데, 닥치는대로 책을 구입하는 경향이 있다. 가령 오늘도 영풍문고에서 조간 신문 신간 코너에 소개된 경남대 정외과 심지연 교수가 지은 『이주하 연구』라는 책자를 구입하였다. 이주하는 남로당의 거물이었기에 국민학교 때부터 김삼룡과 짝하여 익히 알고 있던 인물이었다. 그런데 이 책과 나란히 꽂혀 있는 책이 동일한 저자의 『이강국 연구』였다. 서점에서 얼핏 책장을 넘겨 보았더니 소년시절과 청년시절에 관한 내용이 몹시 소략하였다. 한 인물의 전기에서는 성장 배경과 관련한 출생부터 청년시절까지의 집안이나 교육 환경에 관한 집중적인 조명이 필요하다고 본다. 그런데 『이강국 연구』에서는 이 점이 몹시 빈약하다고 판단되었다. 가령 이강국과 보성중학교와 경성제대 입학 동기이자 우리나라 미술사학의 비조인 고

유섭의 일기장을 보자. 여기에는 이강국에 관한 언급이 여러 차례 적혀 있다. 고유섭은 자신의 불우한 가정 환경과 유복한 집안 출신인 이강국과를 비교하면서 괴로운 심정을 토로하였다. 이러한 점을 비롯해서 일제 때 함흥감옥에서 이강국이 운명적으로 조우한 김수임과의 관계 등 활용 가능한 자료가 적지 않았음에도 누락되어 있었다. 정치학자의 방법론과 역사하는 이의 그것은 이렇게 차이나는가 싶기도 했다. 그런 생각이 퍼뜩 지나간 후에 『이주하 연구』를 집어들고 카운터에 갔더니 두어 명이 앞에 서 있었다. 시계를 보았더니 은사와 만나기로 한 시간이 5분밖에 남지 않았다. 늦겠다 싶어 책을 카운터에 놓고는 한 달음에 교보문고 후문쪽에 있는 메밀국수집인 미진이라는 식당으로 달려 갔다.

스승의 날 인사도 드리지 못한 대학 은사님과 늦은 식사를 같이 하였다. 또 다방에서 차까지 마신 후에 은사님과 함께 다시 영풍문고로 왔다. 두어 시간 전에 카운터에 놓고 왔던 그 책을 찾았더니 원대 복귀시켰다고 했지만, 조금 어렵게 찾아서 값을 지불하고는 나왔다. 귀가 도중 전철간에서 이 책을 넘겨 보았는데, 선우종원이 지은 『사상검사』라는 책이 몇번 인용되어 있었다. 이 책은 지난 세기에 지인의 집을 방문했을 때 눈에 띄기에 서가에서 쑥 뽑았더니 "그 저자는 제 처삼촌입니다. 필요하시면 그냥 가지고 가십시요"라고 해서 얻어

● 필자의 연구실을 찾아 온 벗들

온 책이었다. 그런데 지난 주까지만 해도 눈에 띄었던 이 책이 막상 찾기 시작하자 도무지 눈에 들어오지 않았다. 집안의 서가와 방바닥에 쌓인 책들을 몇번이나 훑어 보았지만 끝내 나타나지 않았다.

정돈되지 않은 서가로 인한 낭패

실정이 이러다 보니 어떤 때는 책 찾기가 귀찮아지는 경우가 많았다. 학생들이 책 빌리러 오면 "먼저 가 있으라"고 한 다음에 연락을 주고는 하였다. 이런 경우는 의무감에서 열심히 찾기는 하지만, 문제는 필자가 필요한 책들을 찾는 일들이다. 이건 누구를 원망할 수도 없고 순전히 필자 책임이기 때문에 괴로운 경우들이 많았다. 집에 있는 경우에는 찾다가 못 찾게 되면 임무 교대로 집사람에게 찾아달라고 지시(?)를 하곤 한다. 찾고자 하는 책의 크기와 표지 모양을 대충 설명하면서 투입시키곤 하였다. 집사람은 책을 비교적 잘 찾아오는 편에 속하지만, 자정 넘어서도 필요한 책을 찾아오도록 하자 괴로워하였다. 그러나 아직은 가부장적인 질서가 잔존하고 있는터에다가 시어머니까지 한 집에 있기 때문에 집사람은 군말없이 '현장'으로 나가기는 한다. 이러니 한편으로는 남자로 태어난 게 그나마 다행이라는 안도감에 젖을 때가 많았다.

책이 정돈이 되지 않은 관계로 경제적인 손실이 따르는 경우도 적지 않다. 일단 책 찾기가 귀찮아서 그런 경우도 있지만, 구입해 놓고도 아무데나 처박아 둔 관계로 까맣게 잊고 지낸다는 것이다. 해서 동일한 책을 구입하는 경우가 발생한다. 한 번은 학회 세미나 장에 가서 책장사들의 좌판을 죽 둘러 보았을 때였다. 이 책 저 책 만지작거리다가 일본책 영인본을 뽑아서 구입하려고 값을 물어 보았다. 그랬더니 책장사가 대뜸 "지난 번에 이 선생님이 산 책입니다"라고 말하는 게 아닌가? 참으로 머쓱하고 얼굴이 붉어지는 순간이 아닐 수 없었다. 구입해 놓고도 모르고 있었으니 얼마나 공부를 안 하기 때문에 이런 불상사가 발생했는가 하는 자괴감이 엄습한 때문이었다. 또 하나는 그 책장사에게 선점당한 도덕성으로 인해서였다. 그냥 군말없이 달라는 책을 팔았으면 될 터이지만, "나는 너에게 양심적으로 고백함으로써 너의 경제적 손실을 막아 주었다"는 뭐 그런 심리적 우월감을 책장사에게 헌납하다시피한 게 썩 기분이 좋지 않았던 것이다.

결국 책 찾는 일을 용이하게 하려면 현실적으로는 연구실에 2중 레일을 까는 게 급선무일 것이다. 그러나 이도 얼마 후면 '만선(滿船)'이 될 게 불을 보듯 뻔하다. 근본적으로는 불필요한 책자들을 솎아내는 게 긴요한 일이 아닐까 싶다. 대개 이사를 가면 책이 많이 정리 된다고 한다. 그러나 필자는 이사를 거의 다니지 않는 터라 그것도 무망한 일이다. 이와 관련해 십수년 전의 일이 상기된다. 지인과 더불어 고려대학교 근처의 중국 전문서점인 천안문에 갔다가 인근에 규모가 큰 헌책방이 있다기에 따라 갔었다. 그 곳에서 이책 저책을 훑고 있다가 『역사학보』 99·100합집 특집호가 눈에 들어 왔다. 무심코 무슨 댕기는 힘이 작용한 것처럼 쑥 뽑아 보았더니 속지에 큼지막한 장서인이 찍혀 있었다. 한자로 적혀 있는 장서인을 그냥 스치려다가 눈길을 꽂아 보았더니 '사천(思遷)'이라는 눈에 익은 호(號)가 쑥 들어 왔다. '사천'은 "사마천을 생각한다"는 뜻을 지닌 선배의 호였다. 선배의 책이 왠 일로 이곳에? 도난 당한 책인가 싶기도 하였다. 해서 기념으로 이 책을 구입할까 생각했지만 집에도 있는 책이라 자제하고 말았다. 그 날 밤에 선배에게 전화했더니 그 형수도 공부하는 이고 해서 집에 책이 포화 상태라 논문집들을 일단 처분했다는 것이다. 논문집에서 필요한 논문들만 오려내고 나머지는 버렸다고 한다. 아까 전 『역사학보』의 경우는 전공과 관련한 논문이 전혀 없었기에 '온전'하게 버려질 수 있었다. 그런 관계로 결국 고물장수를 경유해서 헌책방까지 오게 된 것으로 추리할 수 있었다.

중요한 것은 욕심 버리기

이러한 이야기들은 먹물들에게 책이라는 게 필수품이기는 하지만 또 한편으로는 애물단지가 된 현실을 반영한다. 없는 돈을 쪼개어 구입한 책이지만 어쩔 수 없이 '이별'할 수밖에 없는 작금의 실태를 적나라하게 말해주고 있다. 필자도 불필요한 책들을 처분할 수밖에 다른 방법이 없다. 문제는 필자의 관심사가 너무 넓다는 것이다. 변변한 논문 한 편 없는 처지건만 이것 저것에 관심이 많다 보니까 버릴 수 있는 책이 그리 많지가 않다. 그러나 달리 생각해 보면 이것도 욕심이요 집착이라는 생각이 든다. 모두 부질 없는 것을 아등바등 붙들고 있는 건 아닌지 모르겠다. 헛되고 헛된 게 세상살이라고 하지 않았던가

문화재청 홈페이지, 2007. 6. 23.

학문적 긴장에 관한 잡상(雜想)

1

메모장을 넘기면서 오늘이 며칠인가를 헤아려 보았다. 그리고 1년간의 활동 목록을 보니 쉬지 않고 움직인 것은 사실이었다. 논문이나 논문 형식의 글이 9편 발표되었다. 심사가 끝나서 내년 초에 게재될 논문까지 합하면 대략 10편 정도를 제작한 게 된다. 잡지나 신문 등에 기고한 글이 30편이 넘었다. TV 출연을 비롯해서 제54회 백제문화제 등 여러 회의에 참석한 건수도 적지 않았다. 빈둥거리며 허송하지는 않았지만 좀더 많은 논문을 제출하지 못하고, 또 저서를 내지 못한 게 한없이 죄스러웠다. 아버지 가신 지 20주년 되는 해인 관계로 금년이 가기 전에 영전에 저작물을 올릴까 생각했지만 진작에 생각을 거두고 말았다. 내게 1주일만 집중할 수 있는 시간이 허용되었다면 가능했겠지만, 거미줄처럼 얽힌 인간 관계가 나를 조용히 내버려 두지 않았기 때문이었다.

2

3년 전 12월 하순이었다. 신리의 황토방이라는 음식점에서 우리 학교 교수들과 회식이 있었다. 주욱 돌아가면서 내년도의 소망을 말하는 자리가 이어졌다. 대부분 잘 먹고, 잘 자고, 건강하게 살고자 하는 웰빙 생활에 대한 말씀들이었다. 내 차례가 되었을 때 서슴없이 통일전쟁을 벌이겠다고 했다. 학계를 통일해서 신질서를 수립하겠다는 것이었다. 좌중은 물을 끼얹은듯 일순 조용했다. 무슨 뚱딴지 같은 소리냐고 반문하겠지만, 한국 고대사를 바로 세우겠다는 각오였다. 마뜩찮은 고대사 연구를 재편하기 위해서는 부지런히 논문을 작성해서 시장 지배율을 높이도록 만들겠다는 취지였다. 쉽게 말해 한국 고대사학계를 내 논문이나 논지로 도배하겠다는 것이었다. 대단한 논문은 없지만 나는 백제사를 주력으로 해서 고구려사와 신라사, 고조선과 부여, 후백제 논문까지 발표한 바 있다. 이러한 논문들을 종횡으로 엮어서 한국 고대사의 판을 새로 짜야 된다는 일종의 신념이었던 것이다. 그때 나는 생을 다할 때까지 통일전쟁을 지속하겠지만, 일단 5개년 계획을 세워 추진할 것이라고 비감한 어조로 말했다. 듣고 있던 동료 교수가 "나이가 들면 유해지는데 이도학 교수는 오히

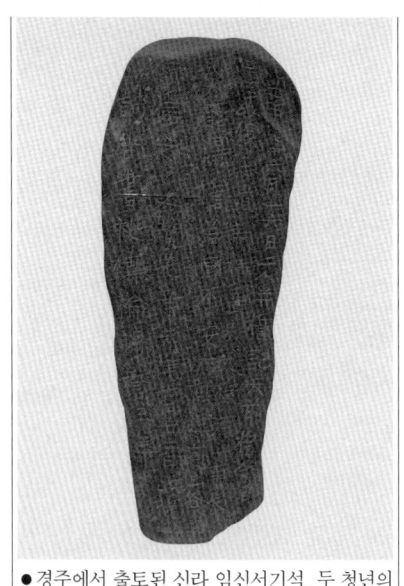
● 경주에서 출토된 신라 임신서기석. 두 청년의 다짐과 약속이 적혀 있다.

려 더 강해지는 것 같다!"고 했다.

이런 말을 하게 된 배경은 당시 나의 연령이 49세였던 데 있었다. 며칠 후 50 단위로 전광판의 숫자가 바뀐다고 생각하니 아찔하고 착잡하였다. 아무리 나이는 숫자에 불과하다고 해도, 이제는 내가 노년기에 접어든다는 엄연한 현실과, 문제는 하는 일 없이 시간만 허비하고 살아 온 것 같아서 결연한 마음으로 내 자신을 확 죄어 당초 목표한 바를 이루어야 한다는 초조감에 말미암은 것이었다. 사실 나는 그때 쫓기는 심정이었다. 현실적으로 이룬 바가 없는데다가 시간만 보내자 전쟁 불사론을 공언하게 된 것이지 않나 싶다. 나는 공부할 때 목표를 세워두고 하는 버릇이 있다. 대학원 다닐 때도 고대사학계의 연구자들의 랭킹을 설정해 놓고 몇 년도에는 A급까지 올라 가겠다는 식이었다. 30대 초반에는 술

자리에서 백제사 연구의 지배율이 높은 모씨를 타깃으로 삼아 몇 년도에는 금강선까지, 그 다음해에는 노령산맥 선까지, 결국 몇 년 되는 해에는 전라남도 해변가로 밀어 붙인 후 황색 깃발이 나부끼는 '나의 백제'로 통일한 후에 북상해서 고구려 영역으로 진격하고, 그 후에는 신라 영역으로 진출하는 등의 허장성세적인 포부를 말한 바 있다. 바로 그러한 선상에서 통일전쟁 이야기를 꺼낸 것이었다.

3

한해를 결산하는 마당에 역시 마음이 착잡하기 이를 데 없다. 자신과의 약속은 지켰는지? 내년에는 어떤 계획을 세워놓을지? 그러면서 금년 한해 동안 있었던 논문 발표를 상기하면서, 학계의 토론 문화가 바뀌어야 한다고 생각했다. 그에 대한 소회는 금년 12월 1일자로 『교수신문』에 '무엇을 위한 토론인가' 라는 제하의 글로 발표된 바 있다. 그리고 보니 작년 12월과 금년 11월에 중국 사회과학원과 절강대학 주관의 학술 세미나에 참석했던 일이 상기되었다. 중국에서의 학술세미나는 관련 연구자들끼리만 호텔이나 연구실에서 집중적으로 여러날 동안 진행된다. 아침 9시부터 저녁 6시까지 진행되는데다가 좌석이 지정되어 있을 뿐 아니라 참여 인원이 20명 미만이었다. 그러니 자리를 뜰 수도 없을뿐더러 심도 있는 논의가 가능하다는 것이다. 그러나 우리나라의 경우는 박물관의 대강당 등에서 청중을 가득 채운 가운데 진행하는 경우가 다반사이다. 청중의 숫자를 가지고 세미나의 성패를 말하는 경우도 있다. 이런 환경에서 발표자나 토론자가 청중들로부터 자연스러울 수 없었다. 좋게 말하면 학계의 정보나 지식을 공유하거나 전달하는 계기가 되겠지만 청중을 의식한 쇼맨십이나 형식에 급급하는 경우를 목도하게 된다. 자연 토론의 심도가 떨어질 수밖에 없을뿐더러 정직한 토론이 되지 못하는 경우도 있다. 토론 문화의 질적인 성숙을 위해서는 외형보다는 일차적으로 연구자들끼리의 치열한 논의가 오갈 수 있는 여건 조성과 의식 전환이 시급하다고 본다.

4

한국고대사 분야는 실학자들과 민족주의 사학자들, 그리고 근대적 역사 방법론으로 무장한 일제 관학자들 이래로 상당한 연구 성과가 비축이 되었다. 영성한 사료에 비해 연구 밀도는 대단히 높다고 할 수 있다. 고대사 영역에서 미개척 분야는 극히 희소하다고 보면 틀림 없다. 그런 관계로 새로운 논문을 발표한다는 것은 어떤 형태로든 기존 논문의 한계를 자각한 선상에서 나왔음을 뜻한다. 또 그러다 보니까 논문을 한 편 발표하게 되면 친구가 하나씩 떨어져 나간다는 말도 나온다. 정말 못할 짓이라는 생각이 들 때가 더러 있었다. 내가 30세였을 때였던가? 술자리에서 광개토왕릉비문에 관해 입씨름을 하던 중 나 보다 1세 위인 동학이 말에 밀리면서 "이도학 씨는 워낙 호전적이라서"라고 내뱉었다. 나는 이 때 '호전적'이라는 말이 듣기 싫지가 않았다. 유목민족의 특성 가운데 하나가 호전성이 아닌가? 쌀 한톨 생산되지 않는 불모지에서 그들이 식량을 얻을 수 있는 방법은 약탈전이었다. 전쟁을 두려워하는 유목민에게는 존립 그 자체를 생각할 수가 없다. 초학자였던 나는 기존 학설에 대한 과감한 공격을 단행하였다. 그 결정체가 '만주 백제'의 상정이었고, 이 논문 성립 전후의 과정은 '백제 정복국가론의 성립 전야-병상일기'에 상세히 적혀 있다.

나는 32세에 발표한 위의 논문을 통해 기존 통설을 깡그리 수장시키고자 했다. 평소 세미나에서 약정 토론자에게까지 30초 안에 말하라고 하던 이들이 1시간 발표에 3시간이나 토론을 진행했던 것이다. 이럴 때는 토론 시간을 넘

●풍납동토성에서 발굴된 연화문 기와 조각

치도록 주는구나 싶었다. 이 논문 발표 후에 육체적 정신적으로 심대한 고통에 시달리는 우여곡절을 겪었다. 결국 민음사에서 간행한 대우학술총서의 한 권으로 간행된 책자에서 내 논문 분량이 무려 66쪽에 이르렀다. 그 가운데 나는 '학설사적 검토'를 통해 성역없는 무자비한 반격을 시도했다. 나는 1988년 충북대학에서 발표할 때 혼자서만 4시간 동안 발표와 토론을 감당했던 것이다. 학문 발전을 위해 아주 바람직스런 방향이었다고 본다. 그런데 정작 내가 토론자였을 때는 그렇지 못하였다. 모 대학이 주관하는 국제학술대회에서는 토론문이 너무 길기 때문에 질문 30개 가운데 10개만 추려서 발표문집에 싣겠다고 해서 결국 그렇게 되고 말았다. 말이야 토론 시간이 부족하기 때문에 질문을 줄여야겠다는 명분이었다. 그러나 그거야 줄여서 토론자가 질문하면 되는 것이 아닌가? 동시에 발표자에게 무슨 턱을 졌기에 저렇게까지 보호해 주려고 하는가 싶었다. 뒤에 발표자의 저서를 보니까 많은 부분이 수정되었음을 알 수 있었다. 역시 발표자에게 도움이 되는 토론문이었구나 싶었다. 한 번은 약정 토론자로서 발표문을 꼼꼼이 읽고 장문의 토론문을 작성해서 보내 주었다. 종합토론 사회를 맡은 원로(?)는 "면서기처럼 깨알같이 썼다"며 면박을 주었다. 또 어떤 이는 "발표자가 틀리도록 그냥 내 버려 두지 왜 그렇게 자세하게 말해주냐? 바보같은 짓이다"며 충고

하는 경우도 있었다. 후백제 관련 학술세미나를 할 때였다. 발표자인 모 교수는 "슬슬해 주십시오. 이 선생님이 토론자로 나오면 모두 떱니다"고 했다. 그러나 이미 토론문은 내 손을 떠나 학회측으로 전달되었는데, 발표장에서의 품격 있는 시인과 퇴각이 인상적이었다.

5

종합토론 사회자가 되어 마이크만 잡으면 있는 지식 없는 지식 한껏 과시하느라 시간을 죄다 잡아 먹는통에 눈살을 찌푸리게하는 이도 있었다. 정작 토론할 시간이 사라지고 말았기 때문이다. 그도 이제는 시간 앞에서는 영원하지 못하다는 것을 체감한 상황이 되고 말았다. 토론자로서의 나는 휘황한 전력을 많이 가지고 있다. 상대방을 샌드백처럼 두둘겨서 그로키 상태를 만든다든지, 『삼국지연의』에 자주 보이듯이 단 3합만에 적장의 목을 베는 것처럼 5분 안에 발표자로부터 백기를 들게한다든지 하는 무용담은 숱하다. 마치 전국시대 무장처럼, 또 전투에 임한 것처럼 긴장하며 민첩하게 움직여 왔다. 몇 년 전 나는 대학 은사에게 보낸 편지에서 "패거리로만 달려들지 않고, 1대 1로만 상대한다면 누구하고 대적해도 이깁니다!"고 호언한 바 있다. 어떤 교수는 학문 연구를 마치 복싱처럼 여겨 상대방을 KO시키려고만 하는 이가 있다고 했다. 이것은 나를 빗대서 한 말이 분명했다. 어떻게 비치거나 호도하든 모두 발표자들에게 도움이 되는 토론이었다고 확신한다. 1997년에 발표한 어떤 이의 논문에서 무려 25개의 오류를 지적했고, 그것을 수용해서 깔끔한 논문으로 재탄생하게 해주었다. "좋은 게 좋다"는 게 반듯한 학자적 처신은 아닐 것이다. 또 그것이 동학으로서의 사랑은 전혀 아니라고 본다. 금년에는 전혀 엉뚱하게 사료를 해석했지만 이제껏 시정되지 않은 어느 여류 고고학도 논문의 오류를 마침 관련 논문을 집필하면서 지적한 바 있다. 누구도 그처럼 명백한 오류를 지적하지 않았다는 게 경이롭기까지 했다.

금년 2학기 한국고대사 수업 시간에 모 재단으로부터 1천만 원을 수령한 모 교수의 논문을 학생들과 검토한 바 있다. 성립할 수 없는 논지가 여러 쪽에 걸쳐 버젓이 지면을 차지하고 있었다. 학부생들도 오류를 지적하듯이 누가 보더라도 성립되지도 않는 논조가 심사를 통과했던 것이다. 이것과 연계된 나의 논문 심사자 가운데 한 사람은 "타인의 연구에 대한 비판 내지 반박이 논문의 중심이 되어서는 곤란하다고 생각한다"는 점잖은 충고를 했다. 조목조목 틀린 이유를 근거를 제시하면서 지적을 했지만, 정작 돌아 온 평가는 그것에 관한 논거가 잘못되었다는 게 아니었다. "지나치게 감정적입니다"고 하여 마치 감정적인 비판을 한 것처럼 왜곡해서 적혀 있었다.

이성적인 지적을 고맙게 여기지 않는 사람들이나 떼거리 쓰는 사회에는 희망을 열기 어렵다. "적국과 우환이 없으면 나라는 망한다"는 말이 있다. 연구자 개인은 물론이고 한국사학의 발전을 위해 적당한 학문적 긴장은 필요한 게 아닐까?

「한국전통문화학보」 54, 2008. 12. 24.

좋아하는 일을 하며 산다는 것!

1

며칠 전 금년 봄이 가기 전에 세상에 공개할 중요한 유적을 답사한 후 출발지인 청주로 돌아 왔다. 동행한 일행들의 사무실이 충북도청 옆에 소재하였다. 한국은행에 1급직으로 재직하며 도청에 파견나온 종형을 만났다. 둘이서 조금 이른 저녁 식사를 하던 중이었다. 종형은 "사람은 자기가 좋아하는 일을 해야 한다"고 했다. 지극히 당연한 말이기는 하였다. 그러나 자신이 좋아하지도 않은 일을 억지로 하는 사람이 많다는 전제에서였다. 종형은 향리에서 고교를 졸업했는데, 전교 석차 2등 정도 하여 세칭 일류대 경제학과에 입학할 수 있었다. 종형의 두 자녀는 작년에 대학 재학 중 사법고시와 의학전문대학원에 각각 합격하여 겹경사가 났던 터였다. 그러니 종형은 이제 느긋한 마음으로 세상을 관조하는 투로 한 말씀 던진 것이다. 그러한 형에게 '당신도 좋아하는 일을 하는지?' 라고 물어 보았다면 무슨 답변이 돌아 왔을런지? 당시에는 그 생각이 나지 않아 묻지 못한 게 조금 아쉬웠다.

2
　　여러 해 전에 고향 인사들의 모임에 참석한 적이 있었다. 그 장소에서 본교 보존과학과를 졸업한 이수희 양의 삼촌을 만나기도 했다. 그때 사회를 보던 이가 종형이 졸업한 고교를 "향토의 명문" 운운하며 추켜세워 말하던 게 상기되었다. 참석했던 인사들 대부분이 '향토의 명문'을 졸업했던 것이다. 그때 속으로 '선친은 중학교 때 이미 도회지로 유학을 갔는데 그런 정도의 학교를 가지고 명문이라?' 라고 되뇌이며 코웃음을 쳤었다. 어쨌든 종형은 자신에게 맞지 않는 직업을 택해서 억지로 살아가는 이들이 주변에 적지 않다는 것을 말한다. 이런 경우는 자신의 능력을 발휘할 수가 없는 것이다.

　그러면서 선친의 직업을 한번 생각해 보았다. 선친은 평소에 만취하여 집에 오면 "나는 한(恨)이 많은 사람이다!" 라는 말을 입버릇처럼 했다. 세월이 많이 흘러 가만히 생각해 보니 선친에게는 3대 한이 있었는데, 그 중 2개는 아주 비극적인 것이었다. 나머지 하나는 비극성은 덜 하지만 평생 뇌리에서 떠나지 않았던 소재였다. 선친은 고교 졸업할 때 서울에 있는 유수한 대학의 법대에 진학하려고 했다. 해서 친구에게 원서를 사오도록 상경시켰는데, 돈을 다 써버린 채 빈손으로 그냥 내려 왔다는 것이다. 그로 인해 향토에 있는 사범대학을 졸업하고 평생 교편 생활을 했다. 선친은 그 말을 할 때마다 원서 값을 탕진한 친구 이름을 대면서 허허 웃었다. 그러면서 그 대학의 법대에 진학했으면 인생이 바뀌었을 거라는 말을 자주 했었다. 억울해하고 아쉬워하는 기색이 역력했지만 내가 보기에는 그것도 당신의 복이요 운명이라는 생각이 들었다. 나는 선친의 인생이 꼬인 것에 대해서 안타까워한 적은 없다. 다만 선친이 대학 졸업 무렵 그 은사가 "이군(李君)은 남아서 더 공부하라"는 권유를 뿌리친 것은 애석하게 생각한 적은 있었다. 교수 아들이 될 수 있는 기회를 놓쳤구나 싶었기 때문이다. 선친의 동기인 조동걸 교수는 교사 생활 중 교수가 되었고 자기 분야에서 일가를 이루지 않았던가?

3

남의 이야기는 이제 그만하고 당신이야 말로 좋아하는 일을 하는가 묻고 싶을 것이다. 나는 이 직업을 택하지 않았으면 무슨 일을 했을까라고 생각해 본 적은 없다. 다만 적성에 맞아서 약간의 주목을 받았던 분야는 더러 있었다. 국민학교 2학년 봄에 10리 길을 걸어 시내에서 개최된 사생대회에 참가하였다. 이때 입선하여 커다란 왕자표 크레파스를 선물로 받았던 기억이 새롭다. 이후 사생대회에 나가 상을 제법 타왔는데, 중학교 3학년 때까지 계속되었다. 화가로 제법 이름 있는 나와 동갑이자 한때 동료였던 이의 책자를 작년에 훑어본 적이 있다. 그는 4학년 때 전국 어린이 불자동차 사생대회에 나갔지만 낙선하였다. 그러나 나는 입선하여 치안국장상을 받았고, 당시 부상으로 받은 페넌트를 지금도 소유하고 있다. 대학 다닐 때 선친이 지나가는 말로 "도학이가 그림 공부를 했으면 서울대 서양화과는 다닐 수 있었을터인데"라고 한 적은 있었다. 그렇지만 적성(?)을 살려 화가가 된다는 일은 상상도 한 적이 없었다. 지금 생각해도 '이도학 화백'은 나와는 걸 맞지 않아 보인다.

그림 외에 약간의 재주가 있었던 분야와 관련해 상기되는 일이

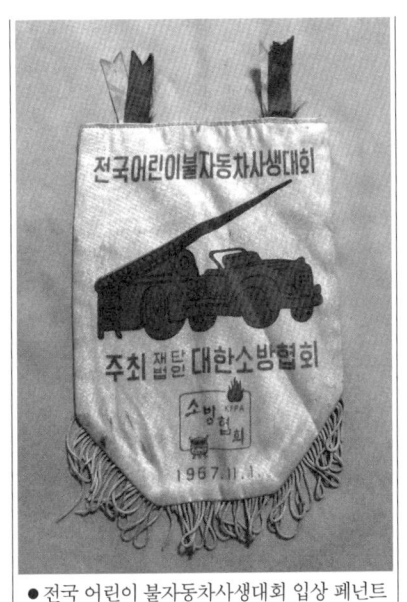

● 전국 어린이 불자동차사생대회 입상 페넌트

있다. 지금부터 꼭 25년 전 봄에 나는 학계에 데뷔하였고, 그 논문은 『한국사연구』 45집에 수록되었다. 지금은 모교의 교수가 된 후배가 그 논문을 읽고는 문장력이 없다고 떠들고 다녔다. "역사하는 이는 문장력이 제일 중요한데, 형은 너무 문장력이 없다"는 것이었다. 그때 속으로 '이 ×이 나를 몰라도 한참 모르는 구나!' 싶었다. 국민학교 4학년 가을에 교육청에서 주관하는 백일장대회와 사생대회에 오전과 오후에 모두 참가한 적이 있었다. 며칠 지나 밤에 담임 선생님께서 찾아오셨다. 광주리에 떡을 잔뜩 담아 오셨는데, 영문도 모르는 내게 대뜸 손을 내밀며 악수를 청하셨다. 시부(詩部)에 장원이 되었다는 것이다. 다음 날 학교 가다가 돌다리를 건너면서 친구들을 만났는데, 그림도 입선했다는 말을 들었다. 이들은 전날 밤에 라디오 발표를 들었던 것이다. 그로 인해 나는 명성을 얻었고, 이듬 해 봄에 시내에 있는 학교로 전학을 간 후에도 그 사실은 회자되었다.

나는 문학에도 관심이 많았다. 조금 아는 체를 하면서 대화에 끼이는 정도가 아니라 주도하는 경우도 왕왕 있었다. 어떤 이는 나를 가리켜 "이 사람은 문학을 했어도 잘 했을 사람이다!"고 말한 적도 있다. 그러나 모두 표피적인 평가에 불과할 뿐이다. 실제 그 분야로 나갔다면 나는 명함도 내밀지 못했을 게 분명하다. 또 그런 분야로 나간다는 자체에 대해 나

스스로 생각해 본 적도 없었다. 다만 아마추어로서 훈수 정도는 둘 수 있는 잔 지식 정도만 챙기고 있기 때문이다. 이런 경우는 내가 근현대사쪽에 관심이 많아서 대화 중에 그것을 알아챈 상대방이 깜짝 놀라고는 한다. 이 역시 마찬 가지로 소일 거리 정도의 지식밖에 안되는 것이다. 그러나 상대방에게는 크게 느껴지는 것인데, 타 분야를 언급하니까 체감 온도가 높아졌을 뿐이었다.

작년에 신라사를 전공하는 경북대학교의 이영호 교수를 만났더니 싱글싱글 웃으면서 이런 말을 했다. "이도학 선생은 역사 교수 뿐 아니라, 빠르게 글을 잘 쓰니까 신문 기자를 해도 잘 했을 것이고, 글을 잘 쓰니 베스트 셀러 작가도 되었을 것이다!" 기분 좋으라고 한 소리였기에 웃고 넘겼지만, 기실은 변변한 재주가 없다. 다만 역사 공부는 재미가 있었다. 적성에 맞는 것이다. 응당 시험 성적도 나쁘지 않았다. 서울 사대를 졸업한 최창석 선생이 중2 때 역사를 가르쳤는데, 연속해서 3회에 걸쳐 100점을 맞은 기억이 있다. 내게 취미를 묻는다면 취미다운 취미가 없는 관계로 "역사 공부"라고 답할 것이다. 그 취미가 직업이 된 것이다. 나는 변변한 논문은 없지만 논문 편수가 많은 다작(多作)으로 정평이 나 있다. 다작의 비결은 논문 집필이 즐겁기 때문이었다. 나는 공부를 즐기는 사람이라고 자신할 수 있지만, '사회 활동' 역시 많다 보니까 아직껏 목표한 바를 이루지는 못하고 있다.

얼마 전에 신문 지상을 통해 최근 임명된 북한 김영춘 인민 무력부장의 취미가 '작전 구상'이라고 보도된 적이 있었다. 더구나 그는 술도 안 마신다고 했다. 이러니 남(南)에서는 긴장하지 않을 수 없는 것이다. 그 보도를 접하면서 "취미가 답사인 사람도 있었다"는 생각이 들어 슬며시 미소가 번졌다. 30대 초반까지만 하더라도 자나깨나 나는 공부 생각만 했었다. 그러면서 슬며시 공부를 우상처럼 떠 받드는 게 아닌가 싶어 신에 대한 죄 의식을 갖기도 했다. 이후 저승 문턱까지 갔다오게 된 사건이 있고 나서는 조금은 균형된 생활을 하고자 노력하고 있다. 그렇지만 여전히 공부를 즐기고 있음은 부정하기 어려울 것 같다. 이와 더불어 나이가 들면서 설정해 놓은 목표를 이루어야한다는 강박관념이 뇌리에서 떠나지는 않고 있다.

4

나는 잡기(雜技)를 전혀 모르는 사람에 속한다. 민화투 외에는 고스톱이니 뭐니하는 종류의 화투는 전혀 모른다. 결혼 초에 친구가 집에 찾아와 고스톱을 가르쳐 준다고 시범 게임을 하며 일부러 잃어주기까지 했다. 고스톱에 재미 붙이라는 의도였다. 그러나 나는 고스톱을 익히지 않았다. 고스톱이나 섯다니 포커 류를 하는 사람들을 보면 아까운 시간을 저런 데 낭비하는가 싶어 속으로 혀를 끌끌 차고는 하였다. 차라리 그 시간에 잠을 자는 게 내일을 위한 충전이라도 되지 않겠는가 싶다. 또 한편으로는 백해무익한 저런 앉은뱅이 문화는 청산 대상으로 생각하였다. 그러나 많은 이들은 나를 불쌍하게 여기고는 했다. 저 친구는 무슨 재미로 사는가 싶은 것이다. 여러 해 전에 대학 때 알았던 이를 오래 간만에 만났더니 "이도학 씨는 역사를 공부하지 않았으면 무슨 일을 했을지 궁금하다"는 말을 했다. 역사 공부 외에는 할 수 있는 일이 하나도 없다는 뜻에서였다.

글을 쓰고 나니 본의와는 달리 유치찬연한 자랑 일변도가 되고 말았다. 자신이 좋아하는 일을 직업으로 하면 안 된다는 큰딸의 반론도 있었다고 한다. 물리지도 않는 것을 보니 기계에 불과하다는 집사람의 지적도 있었다. 여하간 "사람은 자기가 좋아하는 일을 해야 한다"는 종형의 말을 상기하는 통에 갖은 너스레를 다 떨었다. 그러나 적어도 이 점에 있어서 나는 행복한 사람인 것이다. 종형은 "동생은 좋아하는 일을 하면서 살고 있지 않냐"는 말이었다. 자기가 좋아하는 일이야말로 가장 자신 있는 일이지 않을까 싶다. 바로 자신이 좋아하는 일에 매진하는 한국전통문화학교 학생들의 신바람 나는 모습을 곳곳에서 보고 싶다. 50을 넘긴 나의 작은 바람이다.

「한국전통문화학보」 55, 2009. 4. 13.

대학, 그 불유쾌한 상상(?)

1

나이가 들면서 주부들의 고충을 헤아릴 때가 많다. 과거에는 무심히 지나쳐 왔지만 주부라는 직업이 없다면 한 가정의 일이 얼마나 힘들어질까 싶다. 상상하기 싫은 가정인 것이다. 사실 주부는 세끼 식사를 책임지고 있는데, 매끼마다 메뉴를 구상해서 밥상을 차린다는 게 보통 고역이 아닐 것이다. 주부들의 남모르는 고민이라고 하겠다. 필자의 경우도 주부들이 끼니 걱정하는 것과 매한 가지로 이번 호에는 어떤 글을 게재할까에 대해서 고심하고 있다. 이런저런 소재를 놓고서 논지를 어떻게 이끌어갈 지 생각을 하다가 접고는 한다.

모 대학의 어떤 교수는 터키어와 벨기에어로 적힌 관심 분야 논문을 인터넷을 통해 찾도록 학생들을 시킨다는 거였다. 그 어려운 언어로 적힌 논문들을 번역기로 국역(國譯)한 후 제출하게 한다고 했다. 학부 학생들에게 읽을 수도 없는 논문을 찾게 하는 의도는 짐작이 가고도 남았다. 저러고도 교수 자리를 유지한다는 게 신기할 정도였다. 이러한 저질 풍토를 소재로 칼럼을 메울까 생각하기도 했다.

2

얼마 전 부산에서 국제학술대회 차 만난 모 교수의 발언도 가관이었다. 점심 식사하고 나오면서 나눈 대화였다. 지난 여름에 『강진군지』 고대편 집필과 관련해 강진 땅은 이벤트가 발생하지 않은 지역이라 200자 원고지로 300매를 메우는 일은 결코 쉽지 않았다고 했다. 『강진군지』 집필하는 동안에 차라리 일반 논문을 집필했더라면 2~3편 정도 탈고할 수 있었을 것이다. 또 그것이 더욱 생산적이지 않았을까 하는 말을 하였다. 그랬더니 그 교수가 묻기를 금년에 몇 편 정도 논문을 완성할 것이냐고 했다. 『강진군지』를 포함한다면 14편 정도라고 답하였다. 그랬더니 대뜸 "14편이라면 한 달에 한 편씩 논문을 집필했다는 것인데, 그렇다면 학생들을 돌보지도 않았다는 말이지 않느냐!"며 일갈했다. 나는 학생들의 수업 시간과 부딪치지 않는 범위에서 대외 활동을 조금하는 편이고, TV에도 비교적 자주 출연하는 편이다. 그럼에도 논문을 적지 않게 집필하고 있다. 예전 같으면 TV에나 출연하고 돌아다니는데 언제 연구할 시간이 있겠냐고 꾸짖기에 적격인 대상이었다. 그렇지만 현실은 비난을 받을 이유가 없었기 때문에 이 건으로 내가 면박 받는 일은 없다. 하다하다 안 되니까 남의 학교 교수한테 "학생들을 돌보지 않는다!"고 호통치는 것이다. 이런 경우에는 "너나 잘해!"라고 면박 줄 수 있지만 대꾸할 값어치도 없는 일이었다. 심사가 뒤틀려 있는 한 인간의 몹쓸 심보였기 때문이다.

"학생들을 돌보지 않는다!"는 말은 연구 업적이 많은 이를 궁지에 몰아넣을 수 있는 절묘한 언사이기도 했다. 그러고 보니 아주 여러 해 전에 어떤 교수가 다른 학교의 명망 있는 교수를 힐난하면서 "자신의 연구 업적만 쌓았을 뿐 학생들을 돌보지 않았기에 잘렸다"고 큰 소리쳤던 일이 떠올랐다. "학생들을 돌보지 않았다"는 그 교수는 잘리기는커녕 그 학교의 간판 스타로 맹활약하면서 학교 당국의 신임을 받고 있다. 그런데 가만히 생각해 보니 교수가 하는 일 가운데 하나가 학생을 돌 보는 일이라? 고개가 조금 갸웃해는 것이다. 고아나 유아의 경우 '돌본다'는 표현을 사용하고는 한다. 그런데 다 큰 대학생을 돌본다? 하긴 캥거루족이라 해서 부모들이 성인이 된 자식들을 부양하는 일이 적지 않다고 한다. 이 경우는 부모가 다 큰 자녀를 돌보는 것이다. 대학생들은 교수의 돌봄을 받는 대상인가? 또 그렇고 보니 학생들에 대한 돌봄은 끝이 없는 것 같기도 하다. 일전에 서울의 유수한 대학원에 진학한 제자가 전화를 해 왔다. 너무 과제가 많아서 수업을 따라가기 너무 힘들다는 것이다. 한 번 찾아 뵙겠다고 하면서, "(그러한 과정을 통과한) 교수님이 대단하다는 생각이 듭니다"고 했다. 나와 전공이 동일한 그 제자에 대한 '기술지도'가 필요한 것 같기도 하였다. 또 한편으로는 용기를 돋워 줄 필요가 있겠다 싶었다.

3

벌써 8년 전의 일이었다. 그 해 가을에 나는 한국문화재보호재단에서 주관하는 공주와 부여 지역 답사를 안내한 적이 있었다. 마침 토요일이라 답사 일행들과 함께 상경하게 되었다. 앞자리에서 나는 두툼한 미술사 관련 책자를 의자 등에 꽂아 놓은 50대 중반과 나란히 앉았다. 그 분은 역사스페셜을 통해 나를 자주 보았다면서 반가워했다. 그는 역사와 고고학 분야 교수들의 이름을 꿰고 있었다. 자연 공감대가 형성된 관계로 대화가 수월해졌다. 그는 우리나라에서 가장 유수한 대학의 공대에 재직 중인 교수였다. 대화가 오가면서 그 분은 이내 흉금을 털어 놓았다. S고등학교를 졸업한 자신은 원래 역사가 적성에 맞았다고 한다. 해서 사학과에 진학하려고 했더니 주변에서 밥굶는 학과라고 만류하는 통에 공대로 방향을 전환했다는 것이다. 그로 인해 그 분은 일찍 교수가 되기는 했지만 나이들수록 고민거리가 생겼다고 한다. 공대 쪽 이론은 2~3년마다 바뀌는 통에 50대 중반의 자신은 도저히 감당하기 힘들다고 했다. 매주 외국 논문을 수십편씩 읽어야 되는데, 30대 교수들과 상대가 되지 못한다고 하면서, 힘겨운 상황을 토로했다. 당시 그 대학의 총장은 업적평가를 강화하여 교수들을 압박하고 있었다.

1년 전에 공대 교수 수십 명이 명퇴를 했는데, 지금 자신도 그것을 심각하게 고려하고 있다고 했다. 사학과쪽은 나이가 들수록 권위가 생기는데 자신의 분야는 나이에 비례해서 퇴물이 된다는 거였다. 게다가 학부제가 되어 학생들도 학과에 대한 소속 의식도 없어 복도에서 봐도 인사도 하지 않는다는 등 불편한 심기를 솔직하게 드러내었다. 이럴 줄 알았으면 적성에 맞는 사학과로나 진학하는 거 였는데, 후회막급하다는 이야기들이었다. 엄격해진 실적 심사와 관련해서 번역은 우리 학교에서는 몇 퍼센트 인정해주냐고 묻기까지 했다.

그러고 보니 사학을 포함한 인문학 분야가 공먹는 분야인가 싶기도 했다. 대학원 재학할 때였다. 명색이 세미나 수업인 관계로 어떤 주제를 놓고서 학생들 간에 논전이 오가고는 했다. 결국 해답이 나오지 않자 학생들은 담당 교수에게 물었다. "선생님은 어떻게 생각하십니까?" 이때 교수는 심판관의 입장에서 어느 한쪽의 손을 들어줘서 판정승을 선언해야 하는 순간인 것이다. 좌중의 눈길은 일제히 그 교수에게 집중할 수밖에 없었다. 그런데 돌아 온 답변은 의외로 싱거웠다. "글~쎄, 이군은 어떻게 생각하나?" 그런 후에 말없이 담배 연기를 허공에 길게 뿜어 올렸다. 그 모습을 보면 영락없이 깊이 고뇌하는 노학자의 모습이었다. 그 교수의 옆에 놓인 재떨이에는 꽁초만 수북히 쌓여 가고 있었다. 영문 모르게 꽁초만 늘어나고 있지만, 얼핏 보면 화두를 끌어 앉고 고뇌한 결과처럼 비치기도 한다. 더구나 일찍 늙어서인지 희끗희끗한 머리칼을 가지게 되면 더욱 권위가 있어 보이는 게 소위 인문학이었다. 답변을 하지 않아도 속으로 고민하는 것처럼 비칠 수 있었다. 그러나 공대에서는 이런 모션이 통하지 않는다는 거였다.

4

세상은 쉴새 없이 바뀌고 있다. 예전의 편한 직장이 작금에는 바늘방석이 되는 경우가 적지 않다. 그럼에도 교수사회는 관성의 힘으로 지탱하는 경우가 없지 않아 보인다. 세상의 이치가 그러하듯이 언제까지나 교수일 수는 없지 않겠는가? 신진대사와 관련해 순환이 필요한 것이다. 바로 정년도 일종의 순환이라고 보면 된다. 지난 10월에 국립해양문화재

연구소에서 주관한 국제학술 세미나에 참석했을 때였다. 저녁 식사하면서 환담이 오갔다. 이제는 나이가 지긋한 교수가 정년이 된 모 교수 이야기를 꺼냈다. "연구실 방을 빼 줘야하는데, 아직껏 빼 주지 않고 있다"고 했다. 물론 그 많은 책을 쌓아 둘 마땅한 공간이 없기 때문에 딱하지만 어찌할 수 없는 노릇인 것이다. 학교 측에서는 방을 빼 달라고 하는데, 아직까지 빼 주지 않고 있다고 한다. 혹자는 사정이 어쩔 수 없으니까 이해하면서 계속 사용하도록 배려해야되지 않겠냐고 말할 수 있다. 또는 청빈한 선비 정신으로 살아 온 관계로 책을 쌓아 둘 원룸을 얻을 경제적 여유도 없는 것처럼 비쳤다. 그러나 그 분은 지난 봄에 망외의 큰 돈을 거머쥐는 행운을 누린 바도 있었다. 어쨌든 그 명예교수로 인해 신임 교수들이 연구실을 배정받지 못하여 2인 1실인 경우가 나타나고 있다고 한다. 그러니 남의 사정은 전혀 아랑곳하지 않는 철면피한 행동을 하고 있는 것이다. 지난 10월에 내 연구실에 들른 어떤 교수에게 이 문제를 말했더니, 자신이 재직했던 지방의 모 국립대학에서도 방을 빼주지 않아 결국 일요일에 학교측에서 연구실 책들을 바깥으로 쏟아놓으니 해결이 되었다고 한다. 남 앞에서는 정의로운 척 하지만 막상 자신의 일로 닥쳤을 때는 매끄럽게 처신하지 못한 사례이다. 심하게 표현한다면 이 경우는 추태에 속하는 게 아닐까?

● 2009년 11월 6일 부산 경성대학교에서 주관한 국제학술대회장에서의 필자

최근 유수한 모 학술지 논문에 국가의 정체성과 관련한 표기에 오류가 있었다. 그로 인해 관련 책자를 황급히 회수하고 새로 인쇄하여 배포하는 소동이 벌어졌다. 중국 학자의 논문에 수록된 지도를 개념없이 전재하다가 빚어진 대형 사고였다. 문제의 그 지도 밑에는 짤막하게 '수정 보완'이라는 설명이 붙어 있었다. 그런데 무엇을 '수정 보완' 했는 지 아연실색하게 만드는 것이다. 정작 수정했어야 할 용어는 버젓이 실려 있기 때문이었다. 그 학회 회장이 사과까지 하였는데, 심사위원들이 엄정하게 심사해서 게재한 논문이라고 편집 후기에

적혀 있지만 이런 불상사가 터진 관계로 학회의 위신은 실추되고 말았다. 모두 정신 없이 살고 있구나 싶었다. 어쩌면 제 정신이 아닌 지도 모르겠다는 상념마저 들었다.

5

근자에 서울의 모 대학에서 학생들이 강의 평가한 내용을 담은 책자가 출간되었다. 그 책자를 몇 장 넘겨 보니 기가 막힌 내용들이 많았다. 교수인 내가 얼굴이 붉어 질 내용들이었다. 설핏 읽은 것이라서 기억할 수는 없지만 실습에 관한 부분도 있었다. 실습 시간에 조교가 수업을 진행하는 경우가 많다는 것이다. 그럴 바에야 차라리 교수와 조교 공동으로 강사 이름을 강의계획서에 함께 올려놓아야 하지 않냐고 했다.

그리고 보니 예전에 들은 기억으로는 실습은 원래 조교가 진행하고 교수는 관리·감독만 하면 된다는 이도 있었다. 3시간~5시간 잡아놓은 실습 시간에 자기 볼 일 보고 느긋하게 교실에 입장하는 이는 양호한 편이라고 한다. 누가 강의자인지 구분이 되지 않을 정도로 실습 시간이 망가지고 있다는 말도 들렸다. 그리고 말이 좋아 세미나 수업이지 학생에게 강의를 전가하는 식의 수업 진행도 지적되었다. 학생이 강의하는 자율(?) 수업인 것이다. 심한 경우는 교수 자신이 잘 모르는 강좌를 맡아놓고 강의 준비에 부담이 되니까 세미나 수업이라는 구실하에 학생 스스로 발표하게 하는 꼼수를 두는 경우도 있다. 교수 자신도 이때 몰랐던 사실을 깨우치는 경우도 있는 것이다. 물론 학생의 발표를 통하여 배우는 것이 발생하기도 한다. 또 그것은 세미나 수업의 장점이기도 하다. 그러나 교수가 학생에게 한 수 배우는 건수가 너무 많아서야 되겠는가?

이래저래 대학인들의 부정적인 이야기들만 늘어 놓았다. 내 자신도 이러한 사례에서 결코 자유로울 수 없기 때문에 스스로 채찍질한다는 자세로 적어 본 것이다.

「한국전통문화학보」 60, 2009. 12. 4.

토론 문화 유감

 학문의 경쟁력을 높이기 위해서는 토론 문화를 활성화시켜야 한다. 국제학술대회니 뭐니해서 명목은 그럴싸하지만 항시 "시간이 부족하다"는 볼메인 소리를 하면서 "못 다한 이야기는 이따가 식사 장소에서 하자!"며 대충 얼버무려 마치는 경우를 밥먹듯 본다. 토론을 달아 놓기는 했지만 시간을 핑계로 대충 넘어가는 토론은 요식 행위에 불과하다. 심지어는 약정 토론자인 필자에게 30초 안에 질문을 마쳐 달라는 사회자의 권유도 있었다. 금년의 어떤 국제학술대회에서는 종합토론 직전에 사회자가 "질문을 여럿이서 할 터이니까 이 선생님은 그냥 듣고만 있어 주십시오. 답변하면 시간이 가고 하니까 그냥 가만히 있어만 주십시오"라고 부탁하는 경우도 있었다. 실로 어처구니 없는 일이 아닐 수 없었다. 상대방을 꽁꽁 묶어두고 마음대로 주먹을 휘둘러 보겠다는 거나 진배 없다. 혹은 자신의 토론자를 상대하기 쉬운 '순한 양'에서 찾는 경우도 있다. 학문적인 역량은 갖추고 있지만 상대에게 쓴 소리를 못하는 양순한 성품의 인사나 자신의 만만한 후배나 자신이 박사논문을 심사했던 이를 토론자로 배정하는 경우들이다. 이런 경우들은 대체로 솜방망이 토론에 그치고 만다. 발표자로서는 현장을 무사히 모면했다고 안도할 수는 있겠지만 발표자에게 도움이 되지 않는 토론인 경우가 많다. 도대체 누구를 위해 토론하는 것인가?

그러고 보니 작년 일이 상기된다. 모 재단 워크숍에서였

● 광개토왕릉으로 간주했던 견해가 지금은 거의 무너진 태왕릉 전경. 태왕릉은 광개토왕과 동일하게 '국강상왕'이라는 장지명 시호가 부여된 고국원왕의 능이 맞다.

다. 국가에서 지원한 비용으로 현장을 답사한 결과 보고 자리였다. 필자는 모 교수의 토론자였는데, 토론 시간은 한 시간이었지만 그 안에 없던 티 타임을 갑자기 30분이나 배정한데다가 발표자가 발표 시간을 무려 40분이나 넘기는 통에 실제적인 토론 시간은 5분 밖에 배정되지 않았다. 이때 필자는 비감한 어조로 "제가 이렇게 토론자로 온 것은 발표자를 위해서 온 것이고, 또 완성도 높은 논문을 작성하는 데 도움이 되고자 해서 인데, 이렇게 토론 시간을 잡아 먹어놓고 5분 안에 마쳐 달라고 하면 도대체 왜 이런 워크숍을 하고, 또 워크숍을 하는 목적이 없지 않으냐?"고 했더니 장내가 숙연해졌다. 엎드려 절받기 식으로 토론 시간이 몇 분 더 연장되었지만 그 이후의 일은 코메디 같은 상황이라서 말하지 않겠지만, 한 세상을 공먹으려는 자들이 많구나 싶었다. 국비를 지원받아 연구를 했으면 정확한 정산이 이루어져야 한다. 그 '정산'에 부담을 느끼며 대충 넘어가려는 풍조는 눈살을 찌푸리게 마련이다. 온갖 이유를 대면서 변명하겠지만 구차한 느낌이 드는 것은 필자만의 생각은 아닐 것이다.

    종합토론 사회자가 된 것을 마치 큰 권력을 거머쥔 것처럼 행세하며 '재판관'인 양 착각하는 볼썽 사나운 장면도 있다. 금년 초에 국가 기관에서 주최한 국제학술대회에서 그 사회자는 자신의 견해와 배치되는 발표자의 논지를 무력화시키기

● 왕흥사지 목탑지에서 출토된 명문이 있는 사리통

위해 미국인이나 그 분야와 관련 없는 이들에게까지 자신의 견해에 동조하는 답변을 끌어내려고 안간힘을 썼다. 그는 "학계에서 통일된 견해를 내 놓아야 한다"면서 어쩔 줄 몰라 하며 허둥대었다. 연단에 앉아 있는 인사들이 학계 인사이기는 하지만 학계를 대표하지도 않을뿐 더러 학문은 그 자리에서 담판 낼 수 있는 성질의 것은 전혀 아니다. 인내와 끈기 속에서 학문적 성과나 공감대를 이끌어낼 수 있음은 상식에 속한다. 그럼에도 '통일된 견해'를 이 자리에서 당장 내야한다며 그 사회자를 조급하게 만든 요인은 무엇이었을까?

금년 여름에 필자는 학회에 논문을 제출한 바 있다. 심사자 3명의 이름을 알 수는 없지만 우정어린 지적으로 인해 좀 더 완성도 높은 논문을 논문집에 게재할 수 있었다. 익명성을 무기로 삼지 않은 논문 평가를 통해 기분이 몹시 상쾌하였다. 학회의 토론 문화도 발표자의 논지 전개의 완성도에 도움이 되는 지적을 한다든지, 아니면 치열하게 논쟁을 함으로써 서로가 발전하면서 상생할 수 있기를 바랄 뿐이다. 심심찮게 목도되는 장면을 보면서 토론 문화의 체질 개선이 필요하지 않나 싶었다.

「교수신문」 2008. 12. 1.

목포의 추억

1

따스한 가을 햇살을 받으며 누렇게 벼가 숙인 논산벌을 질주한 KTX가 더 이상 나가지 않았다. 기차에서 내리자마자 "영산강 안개 속에 기적이 울고~~"라는 유행가가 구성지게 흘러 나왔다. 이난영이 불렀던 '목포는 항구다'를 요새 가수가 부른 것이다. 역사(驛舍) 너머로 유달산이 눈에 잡혔다. 순간 "아! 목포구나!" 싶었다.

목포 오기 이틀 전 책 장사가 전화를 해 왔다. 동일한 날, 그것도 오후 시간대에 부여와 목포에서 개최하는 국제학술대회에 내가 모두 올라 있더라는 것이다. 일정이 겹치는 데 어느 행사에 참여하는가를 묻는 확인 전화였다. 양쪽 모두 참석한다고 했더니 시간대가 겹치지 않냐는 것이다. 그래도 가능하다고 답변해 주었더니, 자신은 어디서 기다리면 좋겠냐고 했다. 목포가 더 낫지 안겠냐고 말해 주었다. 그 책장사는 고객인 내가 어느 행사에 참석하냐에 따라 좌판 펼칠 곳을 결정하려는 거였다. 내심 대단한 정보라는 생각을 하면서, 장사의 프로 답다고 여겼다. 오전에 부여에서 발표를 마치고 남도(南道)로 내려가는 도중에 부산 모대학 교수의 전화를 받았다. 다음 주 목요일인 15일까지 논문을 전송해 달라고 했다. 불과 어제 국제학술대회 참석을 내게 요청했는데, 6일만에 논문을 완성해 달라? 준비해 둔 논문은 없었지만 뇌리에 떠 오르는대로 논문 제목을 말했다. '당(唐)에서 재건된 백제'였다. 내가 그 대학 연구소 논문 편집위원인 관계로 국제학술대회에 모신다는 거였다.

● 목포역 앞

목포역에서 택시를 잡아타고 국립해양문화재연구소에 도착했다. 발표장 현관에 들어서자마자 반색하며 맞는 이가 책장사였다. 그가 과거에 판매했던 『역사학사전』의 후속편 4권을 비롯해서 22만원어치를 얼결에 구입했다. 나는 그 날 〈고대 동아시아의 바닷길〉이라는 주제의 국제학술대회에서 권덕영 교수(부산 외대)의 약정 토론자였다. 권 교수의 '고대 동아시아 해역의 신라해적'이라는 논문 발표가 끝나자마자 약정 토론이 이어졌다. 그때 권 교수는 "이도학 선생님이 토론자라고 해서 긴장했습니다. 이 선생님은 집요하게 파고드는 성향이 있습니다"고 했다. 나는 책자에 게재된 질문을 추려서 질문하였고, 권 교수의 짧은 답변이 이어졌다. 종합토론

●국립목포해양문화재연구소

때 조용한 어조로 다음과 같은 보충 질의를 하였다.

2

"먼저 옳고 그름에 대한 논의가 아님을 전제하면서 몇 가지 말씀드리겠습니다. 권 선생님께서는 답변하지 않으셔도 됩니다. 첫째 권 선생님은 황해는 국제 공인 용어이므로 사용하는 게 가능하고, 황해안 고속도로 명칭도 무방하다고 말했습니다. 그러나 일본해가 아니라 동해 사용이 맞다면 그와 짝을 이루는 우리의 해양주권이 미치는 서쪽 바다는 서해라고 부르는 게 온당하지 않을까 싶습니다. 둘째 후백제왕 진훤은 군인으로 반란을 일으켜 왕이 되었는데, 토착세력가를 가리키는 호족 개념을 진훤에게 집어넣을 여지는 없는 것 같습니다. 더구나 시간의 경과를 뜻하는 대호족이라는 호칭을 진훤에게 부여할 수는 없습니다. 셋째 894년 대마도 습격 주체 문제도, 2천 5백 명과 100척의 선박이라는 숫자의 많고 적음을 떠나 생포된 현춘의 자백이 허풍이 아니라면, 신라측에서 대장군과 부장군의 전사자가 무려 14명에 이르고 있습니다. 그런데 이러한 군사조직은 굉장한 숫자의 병력이 전제되어야만 합니다. 최소한 전체 병력 숫자가 1만 명 이상되어야 대장군과 부장군을 포함한 고위 장군의 전사 숫자만 14명 이상으로 짜여진 군대 구성이 가능합니다. 만약 이러한 병력을 구비한 이가 존재했다면 대호족에 속합니다. 만약 그렇다면 주머니 속의 송곳처럼 튀어나와 문헌이나 금석문에 그 존재가 보이지 않는다는 게 이상하지 않습니까? 넷째 권 교수께서는 이들을 신라왕이 아니라 호족이 보낸 군대라고 했습니다. 그렇다면 지금 권 교수는 알고 있었지만, 피해 당사자로서 당시 더 많은 정보를 가지고 있었을 일본에서는 현춘의 거짓 자백을 눈치 채지 못했다는 게 의아하다는 겁니다. 만약 현춘의 자백이 거짓이라면, 그가 배후로 신라왕을 지목한 이유가 해명되어야 하지 않을까 싶습니다."

3

권덕영 교수는 "집요하다고 아까 말씀드렸는데, 역시 이 선생님은…"라고 말했다. 동시에 그는 논문 완성할 때 내가 질문한 것을 주(註) 달겠다고 하였다. 그러면서 "이도학 선생님의 말씀도 맞습니다"고 하며 답변을 서둘러 마무리했다. 사실 내가 토론자로 나섰을 때 일화가 적지 않다. 여러 해 전에 어떤 교수는 발표장에 들어가기 전에 만난 내게 이런 말을 했다. "이 선생님이 토론자로 나오면 모두 떱니다! 슬슬해 주십시오." 나는 토론자로서 성실하게 임하고자 했다. 또 그로 인해 발표자들의 완성도 높은 논문 작성에 기여했다고 자부한다.

며칠 전 자정에 모 대학의 박물관장이 전화를 해 왔다.

"선배님! 아무개와 또 아무개를 이제는 그만 패십시오. 선배님은 학계에서 최강자입니다. 선배님에게 대적할 수 있는 사람은 아무도 없습니다. 그러니 이제는 좀 관대해 지십시오. 선배님은 바보처럼 행동해도 권위가 유지됩니다"며 읍소했다. 직감적으로 누군가가 사주했구나 싶었다. 그리고 보니 몇해 전 서울의 모 교수가 전화를 해 통사정하던 일이 상기되었다. "이제는 아무개 선생을 그만 좀 비판하십시오. 그 선생을 비판할 수록 오히려 이 선생님의 권위가 떨어집니다!" 국립대 교수인 후자의 '아무개 선생'에 대해서는 비판을 중지했다. 더 이상 비판할 값어치가 없어서였다. 게다가 그에 대한 애정이 사라졌기 때문이었다.

4

신안비치 호텔에 숙박한 다음 날은 목포에서 진도 벽파진과 해남 땅끝을 지나 완도 청해진까지 항해하는 일정이 주어졌다. 아침에 만난 일행들이 "어젯 밤에 2차가 있었는데, 안 보이시기에 논문 쓰려고 방에 틀어 밝힌 것으로 알았습니다"고 했다. 내가 무슨 공부의 화신처럼 비치고 있구나 싶었다. 나는 그 시각에 40여년 만에 옛 친구 문태휴를 만나 호프를 마시며 밀린 정담을 쏟고 있었.

목포에서의 1박 2일을 마무리한 후 세미나의 좌장이었던 서울대 노태돈 교수와 함께 상경하였다. 세미나에서 만났던 교원대학의 김은숙 교수는 금년에 박사학위를 취득한 제자에게 들은 바를 전했다. 그 제자는 고대사 분야 각 교수들의 논문 집필과 관련한 성향을 말하였다고 한다. 나에 대해서는 "빈틈이 없다!"고 했다. 물론 이는 기분 좋으라고 한 덕담에 불과하다. 절대 뚫을 수 없는 철벽 방공망 같은 논문의 집필은 언제나 화두인 것이다. 그런데 "진리가 너희를 자유롭게 할 것이다"고 했건만 자유롭기는커녕 진리가 족쇄인 경우도 본다. 무엇을 위한 학문인가? 그러나 이런 피곤한 상념은 곧 접었다. 이난영의 '목포의 추억'이라는 노래를 되뇌며 옛 생각에 잠겼다. 그리고 보니 추억은 언제나 좋은 것 같다.

「한국전통문화학보」 59, 2009. 11. 6.

●국제학술대회 다음날에 있었던 선상 투어

03 백제 유적 산보

이도학 에세이 | 누구를 위한 역사인가

한성백제 유적 답사에 대한 회상

무문비의 행방은?

백제가 한성에 도읍하던 시기는 문헌상으로는 자그마치 500년에 가깝다. 그 기간의 장구함에 놀라기도 한다. 또 한편으로는 그럼에도 불구하고 한성백제를 내세울 수 있는 유적이 많지 않다는 것이다. 일제 강점기 때 조사한 자료에 따르면 서울의 송파구 일대에는 적석총과 봉토분이 상당수 보존되어 있었다. 1916년 당시 적석총만 66기를 헤아렸다. 송파구의 석촌동에는 적석총이 깔려 있었다. 또 그러한 석재를 이용해서 구들장도 놓고 담장도 쌓는 가운데 '돌마을' 곧 '석촌'이라는 이름이 생겨난 것이다. 돌마을의 유래는 파괴되어 가는 적석총에서 비롯되었다. 그런데 그 많던 적석총들은 석촌동 고분 공원 안에 단 4기만 보존되어 있을 뿐이다.

필자가 대학시절에 이곳을 답사했을 때였다. 허름한 한옥

한 채가 높게 자리잡고 있었는데, 뒤에 발굴하면서 모두 철거시켰다. 발굴할 때 보니까 적석총 위에 그 한옥이 아슬아슬하게 버티고 있었던 것이다. 그 때까지 집주인은 적석총이라는 무덤 위에서 자신이 살고 있었던 사실을 몰랐다고 한다. 당시 필자는 케논 하프 사이즈 소형 카메라로 이러한 장면을 담았던 터였다. 그런데 지금도 아쉽게 여기는 것은 좀더 좋은 카메라에 슬라이드 필름을 담지 못한 게 속상한 일이었다. 하프 사이즈 카메라는 24장 필름을 담게 되면 그 배인 48장으로 활용되지만 그 만큼 해상도는 떨어지는 것이다. 경제성은 있지만 작품성은 반감되었다. 그것도 선친이 친구에게 구입한 중

●복원된 석촌동 3호분 모습

고품이었다. 지금도 그 사진기로 촬영한 백제 유적 사진들을 볼 때면 아쉬움이 교차하고는 한다.

수업 시간 중에 필자는 학생들에게 부모님께 말씀드려서 넉넉히 돈을 받아 좋은 카메라를 소지하라고 한다. 학생시절의 뼈저린 기억을 되풀이하지 말라는 당부의 뜻이 담긴 것이다. 그러고 보니 필자가 대학 다닐 때 경주로 답사를 간 적이 있었다. 하룻밤 묵은 다음 날 아침에 선배가 선친과 동료 교사 한 분을 모시고 왔다. 고교 교사였던 선친은 경주로 수학여행단을 인솔하고 왔는데, 필자가 묵은 여관을 찾아 왔던 것이다. 근처 다방에 가서 찬 한 잔을 마신 후 선친이 필자에게 지전 2장을 주었다. 그 중 한 장은 돌려드렸다. 5천원 한 장은 당시 필자의 한달 용돈에 해당하는 거금(?)이었다. 필자는 종로서적에서 그 돈으로 민두기 교수가 지은 『일본의 역사』(지식산업사)와 『일본어사전』을 구입했다. 모두 합해서 4천 3백원이었다. 그러고도 7백원이 남았다. 지금 생각하면 선친은 필자가 돌려 준 그 돈을 술값으로 흔적도 없이 버렸을 것이다. 차라리 그때 그 돈을 사양하지 않고 받았더라면 요긴하게 쓰였을터인데 하는 후회감이 일 때도 있었다.

돈은 있을 때도 있고 없을 때도 있지만 기회는 항시 대기하는 것은 아니라는 지론을 학생들에게 말하고는 한다. 지금은 저렴하면서도 성능이 좋은 디지털 카메라들이 많지 않은

● 몽촌토성 무문비 사진(『살아 있는 백제사』 휴머니스트 2003에서)

가? 열정만 있다면 못 담을 장면이 없는 세상이 된 것이다. 그때 소형 카메라로 촬영한 사진 가운데 독보적인 장면이 한 장 있다. 필자는 서울 송파구의 몽촌토성을 자주 답사하였는데, 문터 오른쪽 성벽 밑에 비스듬하게 세워진 무문비였다. 글씨가 전혀 남아 있지 않은 비석이었다. 한글학회에서 간행한 지명사전을 열어 보았더니 무문비에 관한 전설이 적혀 있었다. 그런데 88올림픽 직전에 발굴을 거친 후 무문비는 사라져버리고 말았다. 송파구 문화재위원인 홍광준 선생도 예전에 이 비석 이야기를 하였지만, 사진은 가지고 있지 않았기에 제공한 적이 있다. 학생시절에 촬영한 사진 한 장이 무문비의 존재를 말 없이 증언하였다. 무문비는 지금 어디에 가 있는 것일까? 왜? 아무도 그 비석을 찾으려고 하지 않는 것인가?

필자는 대학원 졸업하던 때 제대로 된 케논 카메라(AE-1)를 큰맘 먹고 구입하였다. 그때 슬라이드 필름을 담아 촬영한 장면 가운데는 풍납동토성이 잡혀 있다. 1984년 5월인데, 토성은 알뜰하게 계단으로 경작되어 호박밭이 되었다. 명색이 사적 제11호이건만 농지로 알뜰하게 개간되고 있었다. 성벽 근처에는 훼손하거나 쓰레기를 버리면 안된다는 경찰서장 명의의 경고판이 세워져 있었건만 보란 듯이 망가져 갔다. 풍납동토성 안에는 집들이 가득차 있었다. 성벽만 사적이라고 볼

● 공중에서 본 풍납동토성 전경

메인 소리를 하였지만 정작 성벽도 훼손되기는 매한가지였다. 상 받은 이는 있어도 책임 지는 이는 아무도 없었다.

최초의 원고료

대학시절 필자는 종로의 당시 서울예식장 건너편 중앙지도사에서 5만분의 1지도를 한장한장 구입하였다. 큰 지도지만 접는 요령을 알게 되면 손바닥 크기만하게 만들어 휴대하고 다닐 수 있었다. 삼국 가운데 백제, 특히 한성백제 유적은 서울에서 쉽게 접근할 수 있는 곳이었다. 필자는 광주군 서부면이 들어 있는 지도를 구입한 후에 도상 훈련을 많이 하였다. 유적이 있는 지역에다가 표시를 하고는 했다. 황순원의 중편 '일월'의 첫머리에 등장하는 춘궁동 석탑은 물론이고, 하사창리를 비롯해서 뭔가 감이 당기는 곳은 표시를 하였고, 관련 논문을 들추어 보고는 하였다. 지난 10월 말에 도미설화 학술대회 차 하남시에 들렀을 때 '방아다리'라는 지명이 눈에 띄었다. 바로 학생시절 5만분의 1지도에서 자주 접했던 반가운 지명이었다.

결국 꽃이 만개한 봄날 서울역 근처 역마차 다방에서 만난 친구들과 당시 광주군 춘궁리를 찾았다. 교통편도 불편해서 천호동에서 시외 버스로 바꿔 타고 온 것이다. 첫 코스로 일본인 학자 이마니시류가 이미 조사한 바 있던 이성산성에 올랐다. 산성 밑에는 당시 군 부대가 있었고, 헬기도 보였다. 고골을 비롯해서 마애약사여래상 등 꽤 많은 유적을 찾아 다녔다. 학생시절 필자는 혼자 답사를 다닌 적이 대부분이었다. 이성산성은 그 후에도 몇 차례 더 올라 갔다. 그런데 이러한 답사를 하면서 항시 걱정되는 것이 뱀이었다. 혼자 산에 올랐다가 뱀에게 물리게 되면 모든 희망이 사라진다고 생각되니까 여간 신경 쓰이는 게 아니었다. 훗날 이성산성을 발굴했던 한양대 사람들에게 들어 보니까 산성 안에는 뱀이 그렇게도 많았다고 한다. 그 말을 들을 때 겁 없이 쏘다녔던 지난 날이 앗찔하게만 느껴졌다. 그 뒤 이성산성은 한양대학교에서 오랜 기간에 걸쳐 발굴했다. 그런데 이성산성을 처음 축조한 국가에 대해서는 논의가 분분했다. 또 그로 인한 에피소드가 실로 많았다. 책 한 권이 나올 수 있는 이야기 거리가 아닐까 싶다. 도미설화 학술대회 건으로 문화원을 방문했을 때 처음으로 하남박물관에 들렸었다. 그런데 이성산성 코너에는 산성을 처음 축조한 국가에 대한 언급이 일체 보이지 않는 게 그것을 반증한다.

가을 어느 날에는 워커힐 호텔 뒷산인 아차산에 오른 후 이동하여 상계동 일대를 누볐다. 하북위례성과 관련한 유구를 찾기 위해서였다. 일본인들이 만든 책자에는 상계동에 분명히 토성이 소재하였다고 했다. 그런데 30년 전 상계동 일대는 허허 벌판에 비닐하우스와 양계장이 드문드문 있었을 뿐이었다. 그리고 불암산에 올라 갔다. 그곳에는 보(堡)가 있다고 대정(大正) 연간에 간행된 『조선고적조사보고』에 적혀 있었기 때문이다. 바위산에 올라가 보았지만 성의 흔적은 없었다. 하산한 후 그냥 집에 가려니까 분한 생각이 들었다. 그때 하산하는 등산객들을 보면서 길이 또 하나 있다는 것을 알았다. 그 길을 따라 올라갔더니 석축으로 된 작은 산성인 보가 나타난 것이다. 왕숙천이 보이는 등 전망이 몹시 좋았다. 그 때 촬영한 사진을 지금도 보관하고 있다.

그 후 한성백제 일원에 대한 답사를 토대로 학교신문에 '백제 위례 문화의 사적 성격'이라는 제목의 글을 게재한 바 있다. 며칠 후 학생회관 1층에 원고료 받아가라는 방이 붙어 있었다. 누군가 알려줘서 돈봉투를 들고 나오는데, 씩 웃으면서 기다리는 2명을 만났다. 학과의 선배인데, 그들의 인도로 학교 후문 근처 호프집에서 술을 사게 되었다. 그때 조바심 났던 것은 일본책 서점에서 고료를 받으면 구입하려고 점 찍어 두었던 책을 구입 못할까 봐서였다. 고료의 절반을 술값으로 지불했지만 『도해(圖解) 고고학사전』을 구입할 수 있었다. 이 원고와 관련해 상기되는 일이 있다. 우연히 만난 필자의 친구는 한국고대사 수업에 제출할 레포트가 필요하다며 원고가 있으면 한 꼭지 달라고 했다. 그 때 필자는 별다른 생각 없이 학교신문의 관련 내용을 복사해서 건네주었다. 그러고 얼마 후에 정독도서관에서 그 친구를 다시 만나게 되었다. 친구는 그때 비화를 말하는데, 내가 참고하라고 건네 준 신문을 정서해서 그냥 제출했다고 한다. 얼마 후 그 교수가 친구를 부르면서 레포트의 원 필자를 밝히라고 다그쳤다는 것이다. 친구는 자신이 집필한 원고라고 딱 잡아 떼었지만 그 교수는 전문가 글이지 학생 글이 아니더라고 했다. 그 교수는 급기야 레포트 내용을 질문하려고 하였다. 그러자 친구는 겁이나서 실토했다고 한다. 그 교수는 신문 사본을 가지고 오게 한 후 자신이 가지고 간 사실을 내게는 비밀로 해 달라고 했다. 그러나 세상에 비밀은 없듯이 한국에서 가장 유수한 대학의 교수가 한 말은 시간이 짧게 흐른 후 내게 전달되었다. 본 원고를 집필하면서 바로 그 생각이 났던 것이다.

미사리에서 만난 유령

한성백제와 관련해 하남시 일원이 지닌 역사적 위상 검토는 중요하다. 조선 후기의 실학자들이 백제 왕도로 비정했던 곳이 하남시 춘궁동 일대였다. 그러했을 정도로 한성백제와 관련해 주목을 받았던 지역이었다. 그런데 서울 지역의 묘제와 공주 지역의 묘제를 잇는 석실분의 존재가 분명하지 않았다. 공주 송산리의 석실분은 갑자기 등장한 것이 아닌 만큼 한성백제의 중심지에서도 확인되어야만 마땅하다. 서울 송파구 방이동의 석실분이 이와 관련해 주목을 받았지만 요샛 표현대로 한다면 논란이 많다. 한성기 백제의 지방에서는 석실분이 조성되고 있는데 정작 그 왕도에서는 확인되지 않았기 때문이다. 한성기 마지막 왕인 개로왕이 지금의 한강을 가리키는 욱리하에서 큰 돌을 취해서 선왕의 곽(槨)을 만들었다고 했다. 이 기록은 분명 석실분을 가리키고 있음이 분명하다. 그런데 석실분은 서울 지역에서 뚜렷하게 확인되지 않았던 것이다. 물론 서울 송파구 가락동과 방이동에서 석실분의 존재가 확인된 바 있다. 그렇지만 미심한 부분이 많았다. 그러던 터에 하남시 광암동에서 도굴된 2기의 석실분을 통해 움직일 수 없는 근거를 확보하였다. 한성기 왕성인 풍납동토성과 몽촌토성에서 가까운 지역에서 확인된 분명한 5세기대 백제 석실분이었기 때문이다. 이런 점에서 보더라도 하남시 일원은 한성백제의 미싱 링크 역할을 하게 될 지도 모른다.

지난 세기에 필자는 몇 차례에 걸쳐 검단산에 올랐다. 한종섭 선생과 함께 단 둘이서 검단산에 처음 오르던 봄날이었다. 검단산은 백제 때 숭산(崇山)이라 불리었기에 의미심장한 산임은 분명하다고 보았다. 풍납동토성이나 몽촌토성에서 정동쪽에 우뚝 솟은 늠름한 검단산의 위용은 영기(靈氣)를 느끼게 한다. 바로 그러한 검단산에서 동명묘(東明廟)라는 백제

●백제 유적의 잠재적 보고인 하남시 일원

최고의 신격(神格)을 봉안한 사당터와 연결된 제단 유구로 보이는 시설을 발견했다.

한번은 조정(漕艇) 경기장 근처의 하남시 미사동 유적을 발굴할 때였다. 현장에서 보니 고랑과 이랑이 뚜렷이 확인된 백제 때 밭 유적이 인상적이었다. 필자가 사학과에 진학했을 때였다. 선친이 학교에 찾아온 책장사를 통해 『역사학보』 영인본 한 질을 구입해서 필자에게 선물한 바 있었다. 그때 서울대학교의 고(故) 김원룡 교수가 1961년에 경기도 광주군 미사리 유적에 대해 스케치도 하고, 또 지표상에서 채집한 유물들을 소개한 글이 상기되었다. 까마득하게 여겨졌던 그 옛적에 확인된 유적을 이제라도 발굴한다고 생각하니 약간의 감회가 일기도 했었다. 그런데 미사리 유적은 부지가 넓었기에 여러 대학에서 합동 발굴하던 중이었다. 한양대학교 박물관에서도 미사리 유적 발굴에 참여하고 있었다. 훗날 발굴에 참여했던 모 씨의 체험담을 들었다. 하루는 발굴을 마친 후 현장 곁의 임시 숙소에 들어가 쉬던 중이었다. 그런데 바깥에서 기척이 들려 나가 보았더니 소복을 입은 여성이 서 있더라는 것이다. 깜짝 놀란 모씨는 "이곳은 발굴 현장이므로 들어오면 안 되는 곳인데, 어떻게 들어오셨어요?"라고 묻고는 무심결에 그녀의 아래쪽으로 눈길을 보내는 순간 자즈러지게 놀랐다고 한다. 소복 입은 여성은 발이 없더라는 것이다. 그 길로 방에 들어 와 문을 닫아 걸어 두고는 전등을 켜고 이불 덮어 쓴 채로 날을 샜다고 한다. 다음 날 아침에 날이 밝자 모씨는 방문을 열고 바깥으로 나가 보았다. 그랬더니 전날 밤에 소복 여성이 서 있던 자리 밑은 낭떠러지더라는 것이다. 그녀가 모씨에게 "이리 가까이 오세요!"라고 하며 손짓을 하는대로 따라 갔다면 실족사하고 말았을 법했다. 만약 그렇게 되었다면 일간지 사회면에 미사리 발굴 현장의 발굴단원이 실족사했는데, 아마도 만취해서 헛발을 디뎠던 것으로 단정하는 보도가 게재되었을 뻔한 사건이었다. 방금 소개한 모씨는 전혀 과장이 없는 침착한 성품이라 그가 겪은 체험은 사실로 받아들여지고 있다.

유적의 도시 하남(河南)

유적의 밀집도가 가장 높은 하남시와 관련된 주변 지역의 백제 유적 탐방 때의 추억을 더듬어 보았다. 그러고 보니 학생 때부터 이곳을 답사한 일과 결부지어 보니 세월이 참 많이 흘렀다 싶은 것이다. 어언 30년 전의 일이지만 마치 어제 일 같기만 하다. 그러면서 몽촌토성 앞에 '말무덤'이라는 거대한 봉분을 갖춘 고분의 존재가 상기된다. 넓이가 대략 500평에, 높이는 약 30평 쯤 되는 대형 봉분인 것이다. 말무덤은 1966년도에 작성한 기록에 전하고 있지만 대학 때 일부러 찾아 보았건만 눈에 띄지 않았다. 이와 관련해 연상되는 구절이 있다. "필자는 성환역 부근 線路 東便에 삼국시대 이전의 고분으로 추정되는 큰 土塚 1개가 있는 것을 보았다 車中에서 바라보기만 하고 실지답사는 하지 못하였지만 지금도 原形을 보존해 있으리라고 믿는다. 今後 調査의 대상인 되어야 할 것이다." 이것은 두계 이병도 선생의 글이다. 필자는 대학시절 완행열차를 이용한 '2천원짜리 답사'를 하면서 겨울방학 때 성환역에서 차창 밖을 유심히 훑었던 기억이 난다. 눈이 쌓여 있던 그 날 필자는 큰 길을 따라 가다가 길가에 소재한 성환의 봉선홍경사 비갈(碑碣)을 접한 적이 있었다. 또

백제 유적 산보

걸어서 직산의 사산성에 올랐었다. 나 홀로 답사였던 것이다. 그때 생각에 필자가 조금 일찍 태어났더라면 원형을 보전하고 있을 유적을 더 많이 접할 수 있었을터인데 하는 아쉬움이 있었다. 그리고 모두에서 언급했지만 성능 좋은 카메라를 보유하지 못했다는 또 다른 아쉬움도 따르고는 했다. 그러니 나이 들기 전에 열정을 가지고 열심이 발로 뛰는 연구가 아직도 유효하다는 생각이 든다. 지난 날의 추억과 교차하면서 두서없는 글을 적어 보았다.

「위례문화」 11 · 12합집, 2009. 12. 30.

백제 왕흥사(王興寺)와 왜(倭)의 아스카사[飛鳥寺]

1

　백제 왕도였던 충청남도 부여의 부소산 기슭 고란사 쯤에서는 강 건너편의 절터가 한눈에 잡힌다. 백제왕이 올라와서 굽어 볼 수 있는 위치에 자리 잡았다. 그가 몸소 배 타고 들어가서 향불을 올리곤 했던 사찰이었다. 강에 접한데다가 채색과 장식 등을 웅장하고 화려하게 꾸몄으니 풍광이 자못 볼만하다고 했다던가. 이름 그대로 왕실의 흥륭을 기원하는 왕흥사(王興寺)라는 절이 소재한 곳이었다. 작년 10월에 이곳 목탑터를 발굴하는 중에 사리통(舍利筒)이 출토되었다. 사리를 봉안한 청동통 안에서는 다시금 은병이 나왔다. 또 은병 안에는 금병이 들어 있었다. 동 → 은 → 금의 순으로 한꺼풀씩 벗겨나가면 최종적으로 금병 안에 사리가 있어야 한다. 더욱이 사리통의 명문에는 2매였던 사리가 신묘한 변화로 3매로

늘어난 이적(異蹟)을 말하지 않았던가. 그러나 정작 사리의 행방은 찾을 길이 없다. 청동 사리통의 명문은 다음과 같다.

> 정유년(577년) 2월 15일에 백제왕 창(27대 위덕왕)이 세 왕자를 위해 탑을 세웠다. 본래 사리는 2매였으나 장례(사리를 기둥 초석에 묻는 의식을 가리킴) 때 신묘한 변화로 3개가 되었다(丁酉年二月/ 十五日百濟/ 王昌爲三王/ 子立刹本舍/ 利二枚葬時/ 神化爲三).

위의 명문 가운데 일반적으로 '찰(刹)'은 '절'의 뜻으로 사용되고 있다. 그러나 이 구절은 사리를 초석 중에 안치하는

● 왕흥사지 목탑지에서 출토된 사리통과 은병 및 금병

의식과 결부지어 나온 만큼 '찰'은 '탑(塔)'의 뜻으로 받아들여야 한다. 600년~634년에 걸쳐 완공된 왕흥사라는 사찰 창건에 앞서 577년에 탑이 조성던 것이다.

2

왕흥사지 목탑의 성격은 '三王子' 판독과 맞물려 있다. '三' 자를 '亡' 자로 판독하는 견해가 많다. 사실 글자 형태만 본다면 '亡' 자에 가깝다. 한자를 처음 배우는 초등학생들도 그렇게 볼 것이다. 그러나 사비성 도읍기에 제작된 재질도 동일한 정지원명 금동불상 광배명에 보면 '亡' 자가 이와는 사뭇 틀리다. 이와 관련해 사리통 명문 가운데 '昌王'의 '昌'은 결구(結構)가 '曷' 자임이 분명하다. 그러나 여타 정황에 비추어 볼 때 '曷王'이 아니라 '昌王'으로 읽을 수밖에

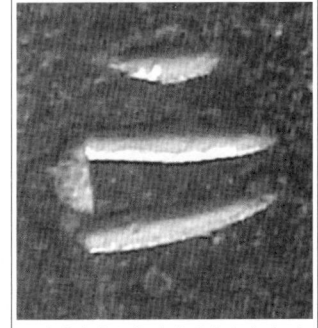

● 정지원명불상 광배명의 '亡' 자(위)
왕흥사지 사리통의 글자(아래)

백제 유적 산보 153

없다. 애매하게 새겨진 '亡王子'도 '三王子'의 속성을 지녔다고 보아야 정황이 맞다.

이러한 명문 판독은 창왕 곧 위덕왕 이후의 왕위계승 문제와도 관련 있다. 위덕왕을 이은 왕은 아우인 혜왕이었다. 그것도 혜왕이 70세 가량의 고령으로 즉위했다. 이 사실은 위덕왕 직계의 단절을 뜻한다. 혹자는 '아좌태자'를 위덕왕의 아들로 제시할 것이다. 그러나 『일본서기』에 보이는 '아좌왕자'가 위덕왕의 아들이라는 기록은 어디에도 없다. 왕의 아우인 왕제(王弟)도 '왕자'로 표기하고 있다. 「창왕사리감명문」에서도 위덕왕의 누이를 '공주'로 표기했다. 일본 사가현 기시마군 이나사 신사에는 신사의 역사를 적어놓은 목판에 아좌 왕자를 성왕의 아들 곧 위덕왕의 아우로 못박았다. 따라서 사리통 명문의 '三王子'는 위덕왕 직계의 3왕자를 뜻한다. 동시에 이들의 전몰로 인해 혜왕이 즉위했음을 알려준다. 이러한 맥락에서 볼 때 작년에 발굴된 왕흥사지 목탑은 3왕자 추복탑(追福塔)이라 해야 맞다.

3

창왕은 서거 후 『법화경』에 근거한 '위덕(威德)'이라는 시호를 부여받았다. 그럴 정도로 그는 공덕을 많이 쌓은 왕이었다. 그는 자신을 이을 왕자도 없었다. 그렇지만 위덕왕은 숱한 사원 기술자들을 왜에 파견하였다. 그 결과 일본 오사카의 시텐노사[四天王寺]·호류사[法隆寺]·아스카사[飛鳥寺]·구다라사[百濟寺] 등 많은 사원들이 나라분지를 중심으로 창건되었다. 특히 위덕왕은 588년에 아스카사에 사신과 불사리(佛舍利)를 보냈다. 또 사공(寺工)·노반박사(鑪盤博士)·와박사(瓦博士)·화공(畵工) 같은 사원 기술자들을 파견하였다. 이로써 아스카사 창건이 시작되었다. 592년에는 불당과 회랑, 596년에는 탑기둥, 596년에는 절이 완공되었다. 이와 관련해 593년(위덕왕 40)에 불사리함을 아스카사 탑기둥[刹柱] 초석 중에 안치하는 의식이 상기된다. 이때 왜 조정의 실권자

● 아스카사 금당에 안치된 大佛. 백제인 쿠라쓰쿠리노 도리가 제작했다.

인 백제계 소가노 우마코와 백여 명이 모두 백제옷을 입으니 보는 사람들이 죄다 기뻐했다고 한다. 백제 문화가 왜인들에게는 동경과 선망의 대상이었음을 알려준다. 그리고 왜에서 불교의 수용 주체가 누구인지를 말해주고 있다.

4

아스카사 목탑은 왕흥사지 목탑과 계통상으로 연결된다. 사리용기와 장엄구의 안치 형식은 물론이고 불교 의례 등에 이르기까지 백제 승려의 구체적인 지도가 있었을 것으로 일본인 학자 스스로가 말한다. 아스카사 목탑지에서는 귀고리·금팔찌·대롱구슬·곡옥·2,366점의 작은 유리구슬·붉은 마노제 유리구슬·사리공에서 흘러나온 운모편의 흔적이 출토되었다. 이러한 유물들은 왕흥사지 목탑 심초 부근에서 출토된 유물들과 부합된다. 탑의 구조나 출토품 그리고 기와 문양 등이 거의 일치한다는 것이다. 물론 아스카사에서는 갑옷 조각인 찰갑편과 마구류도 출토되었다. 반면 왕흥사지 목탑에서는 전쟁과 관련된 물품은 일체 출토되지 않았다. 그러니 이것이 '죽은 왕자', 그것도 전몰한 왕자의 유품 공양이 될 수 없다. 위덕왕의 여동생인 공주가 능산리 목탑의 사리를 공양했다. 왕흥사지 목탑에 안치한 불사리는 위덕왕이 공양한 것이다. 따라서 나머지 심초 주변의 유물들은 왕족들의 공양

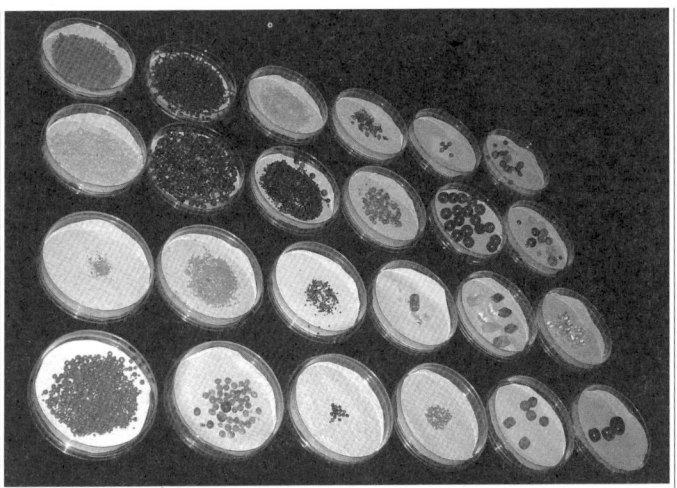

● 왕흥사지 목탑지에서 출토된 각종 구슬들

● 왕흥사지 목탑지에서 출토된 운모로 된 관모 장식

품이라 해야 자연스럽다.

5

577년에 조성된 왕흥사 목탑의 연장선상에서였다. 593년에는 일본열도에서 최초의 사찰인 아스카사의 목탑이 조성되었다. 이때 진귀한 불사리를 독점한 위덕왕은 그것을 왜에 분여(分與)하였다. 왕의 위상을 부처와 동격으로 일치시켜 나가고자 한 것이다. 동시에 그는 사원 기술자들을 왜에 파견함으로써 백제와 동일한 불교 요람을 조성하려고 했다. 위덕왕은 동아시아에서 자국을 불교의 본령(本領)으로 삼으려고 하였다. 위덕왕은 "왕이 곧 부처이다"라는 왕즉불(王卽佛) 사상으로써 왜에까지 자신의 영향력을 확대하고자 한 걸까. 일본열도에서 가장 오래된 사찰인 아스카사의 처음 이름은 '불법을 홍성시킨다'는 뜻을 지닌 호코사[法興寺]였다. 위덕왕의 바람이 담긴 절 이름대로 나라분지에는 불교 문화가 화려하게 꽃을 피웠다. 이렇듯 백제 '왕실의 홍륭(王興)'과 '불법의 홍성(法興)'은 서로 짝을 이루었다. 그 한복판에는 백제가 자리잡았던 것이다. 위덕왕은 불교 이데올로기의 수출을 통해 백제 중심의 신질서를 모색하고자 했다. 왕흥사지 목탑 발굴을 통해 위덕왕의 웅걸찬 야심이 드러난 것이다.

「시사저널」 969호, 2008. 5. 20.